BRAHMA KUMARIS
ANGEL OF SHIVA

Hindi Translation of the English Series

शिवमनाभव

दिव्य मानसिकता के लिए योग के सरल उपाय

राजयोगी भ्राता बीके डॉ सचिन

BK Dr Sachin

पांडव भवन में 01 से 21 अप्रैल 2026 के दौरान आयोजित
21 दिवसीय इंग्लिश सीरीज का हिंदी में रूपातंरण
किया हुआ दिव्य संकलन

notionpress.com
INDIA • SINGAPORE • MALAYSIA

Angel of Shiva
https://linktr.ee/Angelofshiva

लेखन : राजयोगी भ्राता बीके डॉ सचिन

पहला संस्करण : June 2026 । भाषा : हिन्दी । श्रेणी : आध्यात्मिक संग्रह

प्रकाशक :
Angel of Shiva Team
पता : Abu Raj, Rajasthan
ईमेल : angelofshiva1@gmail.com, angelofshiva108@gmail.com
मोबाइल : +91 95223 95350
वेबसाइट : https://angelofshiva.in | https://angelofshiva.com

भारत में मुद्रित एवं बाउण्ड

ISBN
Paperback 979-8-90584-195-8
Hardcase 979-8-90584-196-5

अनुक्रमणिका

क्र.	शीर्षक	पृष्ठ क्रमांक
1	DAY 1	1
2	DAY 2	6
3	DAY 3	12
4	DAY 4	19
5	DAY 5	25
6	DAY 6	32
7	DAY 7	39
8	DAY 8	45
9	DAY 9	48
10	DAY 10	55
11	DAY 11	64
12	DAY 12	70
13	DAY 13	79
14	DAY 14	86
15	DAY 15	93
16	DAY 16	102
17	DAY 17	110
18	DAY 18	119
19	DAY 19	126
20	DAY 20	133
21	DAY 21	142

DAY 1

भगवान सच में एक ईर्ष्यालु भगवान हैं। वह यह नहीं देख सकते कि हम उनके साथ नहीं बल्कि आपस में खेलें।

यह मिली डिकिन्सन की सबसे छोटी कविताओं में से एक है। भगवान चाहते हैं कि हम उनके साथ खेलें। योग एक खेल बन जाना चाहिए। यह मेहनत नहीं है। मेहनत थका देती है। खेल आनंद देता है। **प्रेम बहाव है, ज़बरदस्ती नहीं। यह भक्ति है, ड्यूटी नहीं। यह आनंद है, बोझ नहीं।**

तो आज से हम एक नई सीरीज़ शुरू कर रहे हैं, जिसका नाम है- **शिवमनाभव**, इसमें हम ऐसे तरीके, शॉर्टकट, उपाय समझेंगे जिनसे हम डिवाइन (दिव्य) के साथ जुड़े रह सकें और हर दिन हम ऐसे पाँच तरीके देखेंगे ताकि पूरा जीवन एक सुंदर खेल बन जाए, आनंद का फव्वारा बन जाए, एक क्रिएटिव एक्टिविटी बन जाए।

मन की आदत है भटकना। मन थक जाता है, उसे रीसेट होने के लिए, फिर से शुरू होने के लिए कुछ चाहिए तो हर दिन हम कुछ ट्रिक्स देखेंगे।

1. प्रेम, मेहनत नहीं।

हम एग्जाम लिखने वाले स्टूडेंट नहीं हैं, हम प्रेम पत्र लिखने वाले प्रेमी हैं। जब प्रेमी पत्र लिखता है तो वह अपना दिल और आत्मा उसमें उडेल देता है। हर अक्षर, हर शब्द जीवित होता है। यह भगवान के साथ एक दिव्य संवाद है।

खुद को योग करने के लिए मजबूर करने के बजाय, कितना अच्छा हो अगर हम उनसे प्यार करें और उनसे बात करें। वह हमारे जीवन का केंद्र बन जाएँ। वह हमारे अस्तित्व का सेंटर पॉइंट बन जाएँ, जहाँ हर विचार, हर भावना, हर इच्छा उन्हीं के आसपास घूमे। मेहनत करने के बजाय, ज़बरदस्ती करने के बजाय, योग को ड्यूटी बनाने के बजाय, क्यों न इसे दिव्य (डिवाइन) के साथ एक लव अफेयर बना दें?

प्रेम में कोई बोझ नहीं होता। **प्रेम आनंद है, प्रेम बहता है, प्रेम ट्रांसेंडेंटल है तो इस प्रेम**

को बढ़ाने के तरीके खोजो, इसे मजबूत करो। जब हम प्रेम से चलते हैं तो कोई मेहनत नहीं लगती। प्रेम सहज आनंद है। प्रेम हमारा मूल, शुद्ध संस्कार है। जब हम अपने असली स्वरूप में टिकते हैं, अपने संस्कार में टिकते हैं, तो मन अपने आप स्थिर हो जाता है। **प्रेम दिल का उमड़ना है, यह मिलने की चाह है।** यह एक हो जाने की चाह है। तो बैठो और लिखो, जैसे बच्चा लिखता है, जैसे प्रेमी पत्र लिखता है। लिखो और फिर दिन भर पढ़ो या रिकॉर्ड करके सुनो।

भगवान चाहते हैं कि हम उनके साथ खेलें, उनके साथ रहें, उनका हाथ पकड़ें, चलें, उन पर भरोसा करें। वह सम्पूर्णता चाहते हैं। उनकी ईर्ष्या पज़ेसिवनेस नहीं है। यह तुलना नहीं है तो आप उन्हें कुछ भी लिख सकते हैं और वह सुनते हैं। तो पहली ट्रिक है प्रेम की ट्रिक, बस चलो।

योग टाइम-बाउंड सेशन नहीं है। योग ड्यूटी से पैदा हुआ नियम नहीं है। योग असली खेल है। यह एक स्पोर्ट है, यह एंटरटेनमेंट है। आप उठते हो और वह सामने हैं। आप चलते हो और आप उन्हें महसूस करते हो। आज सुबह जब मैं मेडिटेशन हॉल में बैठा था, मैंने देखा कि 2:30 बजे हॉल खाली था और ऐसा लगा जैसे कुर्सियाँ इंतज़ार कर रही हों। ऐसा लगा जैसे पूरा मधुबन एक गर्भ जैसा है। लाल रंग, डूबा हुआ वातावरण और कुछ अदृश्य, कुछ दिव्य, कुछ रहस्यमय, कुछ शक्तिशाली इस गर्भ में जन्म लेने वाला है - लाल रोशनी, मौन, गहराई। सब कुछ बहुत शक्तिशाली है तो **प्रेम पहली चीज़ है।**

2. माइक्रो योग बर्स्ट्स

1 घंटे, 2 घंटे, 3 घंटे, 4 घंटे के लंबे सेशन के बजाय, क्या हम योग को 2 मिनट का बना सकते हैं लेकिन दिन में 20–30 बार? यह कम थकाता है। 1 मिनट, 2 मिनट योग लेकिन बार-बार। आप बार-बार चेतना को रीसेट करते हो, उसे बोरिंग स्टेट में जाने नहीं देते। डिस्ट्रैक्शन से भरी चेतना बोरियत और थकान लाती है। छोटे-छोटे योग के पल होने दो।

आप कमरे में जाते हो, बैठते हो, चलते हो, बात करते हो - कुछ भी करते हो, अचानक चेतना को दिव्य में रीसेट करो। ये छोटे योग बर्स्ट बहुत शक्तिशाली हैं। 1 मिनट, 2 मिनट, एक लाइन।

लोग संतों से मिलने क्यों जाते हैं? वे इतनी दूर क्यों जाते हैं? क्योंकि वह संत दो शक्तिशाली शब्द कहते हैं और वे उसे आशीर्वाद मान लेते हैं तो शब्दों में शक्ति होती है। अगर उन्हें

पवित्रता से बोला जाए तो वे साकार हो जाते हैं। **शब्द बहुत शक्तिशाली हैं। पूरे दिन हम जो बोलते हैं, उसमें साकार होने की ताकत होती है। हम जो कहते हैं, मन उसे सच करने लगता है।** आप कहते हो- मैं बीमार हूँ, मैं बीमार हूँ। मन कहता है - हाँ, तुम बीमार हो जाओगे। मैं कमजोर हूँ, मैं थका हूँ, मैं डिप्रेस हूँ। मुझे शरीर में दर्द है, मुझे उठने का मन नहीं करता। मुझे पूरे दिन सोना है। मन सुनता है, जवाब देता है और मान लेता है। मन हमेशा आपके आदेश पर है। आप जो कहते हो, वह साकार होता है।

आप जो कहते हो, वह सच बन जाता है। तो योग के छोटे-छोटे पल बनाओ और कहो - **मैं तुम्हें अपने पूरे मन से, अपनी सारी यादों से, अपनी पूरी शक्ति से, अपने पूरे दिल से और अपनी पूरी आत्मा से प्यार करता हूँ। मैं धन्यवाद करता हूँ। मैं तुमसे प्यार करता हूँ। मैं तुम्हारे साथ चलता हूँ। मेरा अस्तित्व तुम्हारे साथ है, हे प्रभु।** जब चेतना उनके साथ चलती है तो आप अपने आप हल्का महसूस करते हो।

3. आइडेंटिटी रीसेट

एक ही लाइन- मैं आत्मा हूँ, शरीर नहीं लेकिन इसे बार-बार कहना है। जब आप बात कर रहे हो, चल रहे हो, एक्सरसाइज कर रहे हो, मुरली सुन रहे हो, कुछ भी कर रहे हो। बस एक लाइन - मैं एक प्रकाश बिंदु हूँ। मैं वह ज्योति बिंदु हूँ। मैं पूर्ण पवित्रता का बिंदु हूँ। बेहद शुद्ध। अशुद्धता मुझे छू नहीं सकती। आप जो सोचते हो, वही भावना बनती है और भावनाएँ अंदर गहराई में चली जाती हैं तो **बार-बार कहते रहो मैं आत्मा हूँ, शरीर नहीं। देहभान धीरे-धीरे खत्म होगा।** यह एक सेकंड में नहीं जाएगा। समय लगता है क्योंकि आत्मा देहभान के भ्रम में है। मैं शरीर हूँ - यह सबसे बड़ा भ्रम है। मैं चेतना की शुद्ध चिंगारी हूँ। पवित्र, पावन, बिल्कुल निष्कलंक और अछूता। इस दुनिया की कोई चीज़ मुझे छू नहीं सकती। मैं एक यात्री हूँ। मैं देखता हूँ, चलता हूँ, बढ़ता हूँ। मैं सुनता हूँ, मैं नृत्य करता हूँ। मैं अछूता रहता हूँ। इसे बिंदु ड्रिल या आइडेंटिटी रीसेट कहते हैं। यह तीसरा है।

4. सिन अलर्ट सिस्टम

हमें अपनी चेतना में एक सिन अलर्ट सिस्टम लगाना है। योग सिर्फ याद करने का नाम नहीं है, योग गलत से बचने का नाम भी है। जैसे ही कोई गलत विचार, विकारी विचार, देह-भान

वाला विचार आए - तुरंत अलर्ट !! अलर्ट सिस्टम एक्टिव करो और वह कहता है तुम शुद्ध हो। पवित्रता तुम्हारा स्वभाव है। जैसे ही ईर्ष्या आए, तुलना आए, ऊँच-नीच का भाव आए, तुरंत अलर्ट!! विक्टिम कार्ड खेलना, रोने का कार्ड खेलना मैं दुखी हूँ, सब मेरे खिलाफ हैं। पापी कार्ड - मैं पापी हूँ, मैं कमजोर हूँ। अस्तित्व कहता है - जो बोलते हो वही सच बनता है तो अलर्ट। वही अलर्ट सिस्टम। गिरो मत, अगर गिरो तो फिर उठो। खुद को फिर से सेट करो।

5. एंड टाइम विज़ुअलाइजेशन

कल्पना करो यह आखिरी समय है और बाबा ही मेरी एकमात्र याद हैं। कोई मेरी मदद नहीं कर सकता। कोई मेरा सहारा नहीं है। मैं कहाँ जाऊँ? किसे पुकारूँ? वही एक सहारा हैं। वही मदद हैं। वही आधार हैं। वही मेरे जीवन का सब कुछ हैं। मुझे किसी इंसान की ज़रूरत नहीं है। जब वह मेरे साथ हैं, कुछ भी मायने नहीं रखता। मुझे इस सहारे पर अटल विश्वास है। उन पर विश्वास। उनके हर शब्द पर विश्वास। तो ये पाँच तरीके हैं -

- **पहला है - प्रेम।** प्रेम बढ़ाओ। प्रेम की फ्रीक्वेंसी बढ़ाओ। **प्रेम आध्यात्मिक जीवन की ऊँचाई है। सबसे ऊँचा शिखर। यह ज्ञान की कमी नहीं है, यह प्रेम की कमी है।** यह इल्म की कमी नहीं है, यह इश्क की कमी है। चेतना को प्रेम से भर दो। आत्मा को इस दिव्य प्रेम से भर दो। **जब प्रेम भरकर बहने लगता है, शब्द पीछे रह जाते हैं। योग इस प्रेम का बहाव है।** योग कमेंट्री नहीं है, योग शब्दों का सजाव नहीं है, यह दिव्य मिलन है। नदी समुद्र से मिलने के लिए तड़पती है। योग चेतना का उमड़ना है।

- **दूसरा है - माइक्रो बर्स्ट्स।** छोटे-छोटे तरीके 1 मिनट, 2 मिनट, पूरे दिन लेकिन 20 बार, 30 बार; एक लंबे सेशन के बजाय। ठीक है, अमृतवेला कर सकते हैं लेकिन पूरे दिन कनेक्शन बना रहे। पूरा दिन डिस्कनेक्ट होकर फिर शाम को जुड़ने की कोशिश करने के बजाय।

- **तीसरा है - आइडेंटिटी रीसेट।** छोटी लाइनें, यह शरीर नहीं। मैं यह शरीर नहीं। जैसे ही आप कहते हो - मैं यह शरीर नहीं हूँ, मैं ये आँखें नहीं हूँ, मैं यह नाक नहीं हूँ, मैं ये होंठ नहीं हूँ, मैं ये कान नहीं हूँ, मैं यह हाथ नहीं हूँ, मैं ये पैर नहीं हूँ, मैं यह मिट्टी नहीं हूँ, मैं शुद्ध चेतना हूँ, जितना आप खुद को याद दिलाओगे, उतना यह साकार होगा।

- **चौथा है - सिन अलर्ट सिस्टम।** जैसे ही आप कुछ गलत करने जाते हो, जैसे फायर अलार्म होता है, उसे बताने की ज़रूरत नहीं होती, वह खुद काम करता है, अगर धुआँ होगा तो अलार्म बजेगा। आजकल हर जगह ऐसे सिस्टम लगे होते हैं। हमें भी अपनी चेतना में ऐसा सिस्टम लगाना है। जैसे ही आप कुछ गलत करने जाते हो, तुरंत अलर्ट। यह एक पल की जागरूकता आपको गिरने से बचा सकती है। एक सेकंड की जागरूकता बड़ी गलती रोक सकती है।

- **पांचवां है - एंड टाइम विज़ुअलाइजेशन।** कल्पना करो, महसूस करो। दुनिया विनाश के कगार पर है। हर जगह मृत शरीर हैं। सब खत्म हो चुका है और मैं वहाँ हूँ। मैं किसे बुलाऊँ? लेकिन इसके लिए अभ्यास चाहिए। आप जो अभ्यास करते हो, वही बन जाते हो। **योग कुछ करने का नाम नहीं है, यह होने का नाम है।**

तो ये पाँच योग ट्रिक्स हैं, अगर आप मन को मजबूर करोगे तो वह विरोध करेगा। अगर आप उससे कुछ करवाओगे तो वह भटकेगा। अगर आप किसी चीज़ को ड्यूटी बनाओगे तो वह बोझ बन जाएगी।

Notes :

DAY 2

Listen, O traveller, you are not allowed to go tired.

सुनो हे पथिक, तुम्हें थक कर रुकने की अनुमति नहीं है।

The path is difficult, but stopping is forbidden. Keep moving.

मार्ग कठिन है, पर रुकना मना है। चलते रहो।

In your journey, rest is not permitted. The storms blow.
You are not allowed to fear.

तुम्हारी यात्रा में विश्राम की अनुमति नहीं है। आँधियाँ चलती हैं, तुम्हें डरना नहीं है।

Even when tempests arise, you must not bow down.

जब तूफान उठें, तब भी तुम्हें झुकना नहीं है।

When the scorching sun burns, wavering is forbidden.

जब तपता हुआ सूरज जलाए, तब डगमगाना मना है।

When thorns pierce you, melting is forbidden.

जब कांटे चुभें, तब पिघलना मना है।

The flowers of hope must never be allowed to wither.

आशा के फूल कभी मुरझाने नहीं देने हैं।

The wind says stopping is forbidden.

हवा कहती है— रुकना मना है।

The earth says wandering astray is forbidden.

धरती कहती है— भटकना मना है।

The clouds say scattering apart is forbidden.

बादल कहते हैं— बिखरना मना है।

The sun falls out. Now, extinguishing is forbidden.

सूरज भी ढल जाए, अब बुझना मना है।

Keep moving. Comfort on your path is forbidden.

You must not drift away.

चलते रहो। तुम्हारे मार्ग में आराम मना है। तुम्हें भटकना नहीं है।

In the flow of time, getting entangled in the world's net is forbidden.

समय के प्रवाह में संसार के जाल में उलझना मना है।

Celebrating worldly festivities is forbidden.

सांसारिक उत्सवों में खो जाना मना है।

Forgetting the ultimate truth is forbidden.

परम सत्य को भूलना मना है।

Clinging to illusory pleasures is forbidden.

मायावी सुखों में आसक्त होना मना है।

Being trapped in false enchantments is forbidden.

झूठे मोह में फँसना मना है।

Listen, O traveler, you are not allowed to grow weary.

सुनो हे पथिक, तुम्हें थकना मना है।

The path is difficult, yet stopping is forbidden. Keep moving.

मार्ग कठिन है, फिर भी रुकना मना है। चलते रहो।

In your journey, rest is not permitted.

तुम्हारी यात्रा में विश्राम की अनुमति नहीं है।

Keep moving. Comfort is not your destiny.

चलते रहो। आराम तुम्हारी नियति नहीं है।

चलते रहो, आराम तुम्हारी मंज़िल नहीं है। यह आगे बढ़ते रहने का मार्ग है - हर दिन थोड़ा-थोड़ा। हर आज हमें कल से आगे ले जाए, हर कल हमें आज से आगे ले जाए और हम बिना थके, बिना रुके चलते रहें। हमारा मन एक भटकते बादल जैसा है और परिस्थितियाँ हवाएँ हैं। जब तक हम कुछ एंकर पॉइंट्स नहीं बनाते, मन भटकता रहेगा। ये एंकर पॉइंट्स क्या हैं? ये याद के द्वीप हैं।

1. एंकर पॉइंट्स बनाना

जहाँ हम फिर से याद में लौटते हैं। हर व्यक्ति को अपने एंकर पॉइंट्स खुद बनाने होंगे। जैसे आप अपने विभाग में पहुँचते हो, वह पहला एंकर पॉइंट है। अब खुद को याद दिलाओ, वापस स्मृति में आना है। दूसरा एंकर पॉइंट- आप विभाग से बाहर जाते हो। तीसरा- आप वापस विभाग में आते हो। फिर बाहर जाते हो। आप सेवा के लिए जाते हो, आपको भाषण देना है- वह पहला एंकर पॉइंट। आप भाषण पूरा करते हो- वह दूसरा एंकर पॉइंट। आपको बस पकड़नी है- वह पहला एंकर पॉइंट। ये सिर्फ रूटीन नहीं हैं, यह केंद्र की ओर लौटना है।

हम अपनी दिनचर्या देखते हैं और उसमें याद के एंकर पॉइंट्स बनाते हैं। ये हमें अंदर से अजेय बना देते हैं। जैसे सुबह हम एक जगह बैठकर ध्यान करते हैं, लेकिन दिन भर हम खो जाते हैं। इस समय के जंगल में खोने से बचने के लिए हमें एंकर पॉइंट्स बनाने होंगे- भोजन से पहले, किसी काम से पहले, किसी जगह में प्रवेश करते समय, उस जगह से निकलते समय। ऐसे पाँच से सात निश्चित बिंदु, जहाँ हम अपने पास लौटें, स्मृति के केंद्र में आएँ- यही पहला हैक है।

2. वन लव प्रिंसिपल

यह प्रेम की कमी नहीं है, यह प्रेम का बिखराव है जो हमें कमजोर बना रहा है। बिखरे हुए प्रेम के कारण आध्यात्मिक शक्ति जमा नहीं हो पाती। जब मन भावनात्मक रूप से एक पर केंद्रित होता है तो आध्यात्मिक शक्ति जागती है। जब मन बिखरा होता है, ऊर्जा भी बिखर जाती है। मन एक पर टिक जाए, सारी भावनाएँ और सारी ऊर्जा उसी एक की ओर बहने लगे तो हम अपने आप शक्तिशाली बन जाते हैं। वरना ये छोटे-छोटे आकर्षण और बिखरे हुए लगाव हमारी

आध्यात्मिक शक्ति को कम कर देते हैं।

वन लव प्रिंसिपल - सारे विचार, सारी ऊर्जा, सारी भावनाएँ एक ही दिशा में, उस परम की ओर। जितना प्रेम बिखरेगा, उतने हम कमजोर होंगे। उससे जुड़ो, भावनात्मक रूप से जुड़ो और देखो - मन कितना केंद्रित हो जाता है, ऐसा केंद्रित मन पावरहाउस बन जाता है, लाइटहाउस बन जाता है।

3. थॉट इकॉनमी

हमारा समय ओवरथिंकिंग, ओवर-रिएक्टिंग, ओवरस्पीकिंग में चला जाता है। मौन आंतरिक संपत्ति है। हम अपने विचारों की रक्षा ऐसे करते हैं जैसे कोई कंजूस अपने सोने की करता है। हम अपनी चेतना के चौकीदार बन जाते हैं और ऊर्जा को लीक नहीं होने देते। थॉट इकॉनामी - दिव्य खेल चल रहा है और हम सिर्फ दर्शक हैं। हम सब देखते हैं और शांत रहते हैं। हम समझते हैं कि ज्यादा सोचना बेकार है क्योंकि ड्रामा फिक्स है और सटीक है। हम खुद को अपने मूल स्वभाव की याद दिलाते हैं - शांति, प्रेम, मौन।

4. एनर्जी लीक डिटेक्शन

ऊर्जा बहुत ज्यादा नहीं खर्च होती, लेकिन छोटे-छोटे अनदेखे लीक से निकल जाती है। इन्हें पहचानो - ओवर-रिएक्शन, तुलना, आहत होना, बेकार प्लानिंग, ईर्ष्या, शोर, बेकार खोज, चैटिंग, अनावश्यक रिश्ते - ये सब ऊर्जा के लीक हैं। जब आप इन्हें रोक देते हो, तो अचानक आप शक्तिशाली हो जाते हो।

कुछ लोग अपनी बीमारियों, दवाइयों, टेस्ट और रिपोर्ट्स में इतने उलझे रहते हैं कि उनके पास और कुछ सोचने का समय ही नहीं होता। ऊर्जा पैसे के विचारों में, लगाव में, बेकार रिश्तों में, आलस्य में, ज्यादा सोने में, लापरवाही में भी लीक होती है।

ऊर्जा को बचाने का सबसे अच्छा तरीका है - शरीर को मजबूत बनाना, यानी एक्सरसाइज करना। जब आप एक्सरसाइज करते हो तो सिर्फ शरीर पर नहीं, मन पर भी काम करते हो। जब आप पसीना बहाते हो, आप अपनी सीमाओं से आगे जाते हो और अंदर की सोई

हुई शक्ति जागती है। आप शरीर पर काम करते हो और शरीर से ऊपर उठ जाते हो। ऊर्जा का लीक रुक जाता है।

अगर आप थके, कमजोर, दर्द महसूस करते हो तो चलना शुरू करो, दौड़ो, कूदो, नाचो और देखो ऊर्जा कैसे बढ़ती है। जिम सिर्फ बॉडी बनाने के लिए नहीं है, यह एक मंदिर है। वहाँ के उपकरण आपको अंदर की शक्ति याद दिलाते हैं। वहाँ के शीशे सिर्फ शरीर दिखाने के लिए नहीं, बल्कि अंदर का प्रतिबिंब दिखाने के लिए हैं। चाहे जिम जाओ या प्रकृति में जाओ- आप मजबूत बनते हो। आप शरीर पर नहीं, मन पर काम कर रहे होते हो। नई ऊर्जा, ताजगी, लचीलापन, शक्ति आती है। अतिरिक्त चर्बी हटती है - चर्बी वासना जमा करती है, मांसपेशियाँ ऊर्जा जमा करती हैं।

5. नींद

नींद सिर्फ आराम नहीं है, यह अवचेतन प्रोग्रामिंग का समय है। आपका आखिरी विचार आपका पहला विचार बनता है। सोना बीज बोने जैसा है, जागना अंकुर फूटने जैसा है। जो बोओगे वही काटोगे। आखिरी विचार बाबा हो, पहला विचार भी बाबा हो - तब नींद ध्यान बन जाती है। आप जागते हो - उन्हें याद करते हो, आप सोते हो - उन्हें याद करते हो। स्क्रीन, शोर, शॉर्ट्स और रील्स से दूर रहो - तब नींद खुद एक सुंदर ध्यान बन जाती है।

- **पहला - एंकर पॉइंट्स बनाना।** ड्यूटी से पहले, ड्यूटी के बाद, भोजन से पहले, भोजन के बाद, कार में बैठना - पहला एंकर पॉइंट, कार से उतरना - दूसरा एंकर पॉइंट। हर एंकर पॉइंट पर एक निश्चित विचार, एक भावना बनाओ - ये मन को स्थिर करेंगे।

- **दूसरा - वन लव प्रिंसिपल।** जब प्रेम बँटा होता है तो ध्यान नहीं लगता, जब प्रेम एक होता है तो ध्यान लेज़र जैसा बन जाता है। अगर आप बहुत लोगों से जुड़े हो और उनके बारे में सोचते रहते हो तो ध्यान कैसे होगा? ध्यान सब छोड़ना है। जब आप खाली होते हो तभी वह भरता है। ध्यान वह है जहाँ आप समाप्त होते हो और वह शुरू होता है। अगर आप अपने आप से भरे हो तो वह कैसे आएगा? वन लव मतलब - एक, अखंड, बिना बँटा हुआ, केंद्रित प्रेम।

- **तीसरा - थॉट इकॉनामी।** ओवर-थिंकिंग, ओवर-स्पीकिंग, ओवर-रिएक्टिंग छोड़ो। अपने विचारों के चौकीदार बनो। हर विचार एक खजाना है, एक सिक्का है। अगर आप उसे बिखेरोगे तो आप भिखारी जैसे हो जाओगे। हर विचार आध्यात्मिक खजाने का सोने का सिक्का है। एनर्जी लीक पहचानो, टाइम वेस्टर्स पहचानो। यह संगम युग का समय बहुत कीमती है - एक सेकंड भी खराब किया तो सालों का नुकसान है। टाइम मैनेजमेंट, टाइम बॉक्सिंग, टाइम बफरिंग बहुत जरूरी है।

  सबको 24 घंटे मिलते हैं - आप क्या कर रहे हो? समय ज्ञान, योग, धारणा, सेवा में लगना चाहिए। कुछ नया सीखो, खुद को अपडेट करो, आध्यात्मिक रूप से बढ़ो, कोई नई कला सीखो, तीन चीज़ें: सेल्फ इम्प्रूवमेंट, आर्ट, स्पिरिचुअलिटी - तभी ऊर्जा बचेगी, वरना बहती रहेगी। अपने लक्ष्य तय करो - आज मुझे यह सीखना है, समझना है, अनुभव करना है - ध्यान में भी।

- **आखिरी - नींद प्रोग्रामिंग।** सोने से पहले भावना, सोते समय भी वही, जागने पर भी वही, तब नींद ध्यान बन जाती है। यही स्थिरता है।

Notes :

DAY 3

एक ज़ेन छात्र गुरु के पास आया और बोला, "गुरुजी, मेरा स्वभाव बहुत क्रोधी है। मैं इसे कैसे ठीक कर सकता हूँ?" गुरु ने कहा, "मुझे अपना यह क्रोध दिखाओ। यह बहुत रोचक लगता है।" छात्र बोला, "अभी मेरे पास यह नहीं है, इसलिए मैं आपको दिखा नहीं सकता।" गुरु ने कहा, "तो जब यह तुम्हारे पास आए, तब इसे मेरे पास लेकर आना।" छात्र ने विरोध किया, "लेकिन मैं इसे जब चाहे तब नहीं ला सकता। यह अचानक उत्पन्न होता है और जब तक मैं आपके पास आऊँगा, यह खत्म हो जाएगा।"

गुरु ने कहा, "इसका मतलब यह तुम्हारे वास्तविक स्वभाव का हिस्सा नहीं है। अगर यह तुम्हारा स्वभाव होता, तो तुम इसे किसी भी समय मुझे दिखा सकते। जब तुम जन्मे थे, तब यह तुम्हारे पास नहीं था और न ही तुम्हारे माता-पिता ने तुम्हें यह दिया इसलिए यह बाहर से तुम्हारे अंदर आता है। मैं तुम्हें सुझाव देता हूँ कि जब भी यह तुम्हारे अंदर आए, तुम खुद को एक डंडे से मारो, ताकि यह क्रोध सह न सके और भाग जाए।" इसे ही **"ज़ेन शॉक ट्रीटमेंट"** कहा जाता है।

छात्र का स्वभाव गुस्सा करने का था। गुरु उससे कहते हैं, वह गुस्सा मुझे लाकर दिखाओ। छात्र विरोध करता है, मैं उसे ला नहीं सकता, क्योंकि जब गुस्सा आता है, तभी वह होता है, अभी नहीं। इसका अर्थ है कि यह तुम्हारा वास्तविक स्वभाव नहीं है। अंत में गुरु कहते हैं, जब भी यह उठे, खुद को डंडे से मारो और यह भाग जाएगा। इसे **"विपरीत आदेश का नियम"** कहा जाता है।

जब ध्यान करने का समय होता है, तब तुम्हें नींद आने लगती है। उपाय है - अपने मन को विपरीत आदेश देना। जब व्यायाम का समय होता है, तब आराम करने का मन करता है। अपने मन को विपरीत आदेश दो और उसी क्षण आलस्य समाप्त हो जाएगा। जब गंभीर अध्ययन का समय होता है, तब तुम सोशल मीडिया पर समय बर्बाद करते हो। अपने मन को विपरीत आदेश दो और वह तुम्हारी बात मान लेगा। इस प्रकार **"विपरीत आदेश का नियम" जब कल्पना (विज़ुअलाइज़ेशन) के साथ जोड़ा जाता है, यह चमत्कार कर देता है।**

सोते समय आप अपने आप की वही तस्वीर बनाते हैं, जैसे आप खुद को बनाना चाहते हैं। पूरी स्पष्टता और हर छोटे विवरण के साथ और उस तस्वीर का एक ब्लूप्रिंट अंदर ही अंदर तैयार होने लगता है और फिर ब्रह्मांड उसे साकार करना शुरू कर देता है। हम जो भी बनना चाहते हैं, उसकी एक स्पष्ट मानसिक छवि बनाते हैं और वह जल्द ही वास्तविकता बन जाती है क्योंकि अवचेतन मन को वास्तविकता और कल्पना के बीच अंतर नहीं पता होता। वह आपकी कल्पना को वैसे ही स्वीकार कर लेता है और उस पर काम करना शुरू कर देता है और वही वास्तविकता बन जाती है।

आज हम कुछ तकनीकों को देखेंगे जो हमें दिव्यता के साथ जोड़ने में मदद करेंगी -

1. धीमा करने की तकनीक (स्लो डाउन टेक्निक)

जल्दी करना एक अशांत मन का संकेत है। धीमे चलो, धीरे-धीरे चलो, धीरे-धीरे खाओ और धीरे-धीरे बोलो। ऐसे चलो जैसे हर कदम एक मंज़िल हो। धीरे-धीरे खाओ, जैसे हर निवाला ध्यान हो। धीरे-धीरे पियो, जैसे हर बूंद अमृत हो। धीरे-धीरे बोलो, हर शब्द का अपना महत्व होता है। यह बिना जल्दबाज़ी की गति आंतरिक जागरूकता का संकेत है। धीरे-धीरे लिखो, जल्दी लिखने की आवश्यकता नहीं है। तुम्हारी लिखावट ध्यान बन जानी चाहिए। तुम्हारी वाणी ध्यान बन जानी चाहिए। तुम्हारा चलना ध्यान बन जाना चाहिए। तुम्हारा खाना ध्यान बन जाना चाहिए। तुम्हारा पीना सजगता (माइंडफुलनेस) बन जाना चाहिए। यह है "धीमा करने की तकनीक"। यह दुनिया तेज़ी की है, लेकिन तेज़ी तनाव और दबाव पैदा करती है।

कई बार धीरे चलना ही बेहतर होता है। यदि आप इस ब्रह्मांड को ध्यान से देखें तो केवल एक ही प्राणी है जो हमेशा जल्दी में रहता है और वह है मनुष्य। पक्षियों को देखो, वे कितनी सहजता और सुंदरता से उड़ते हैं; जानवरों को देखो, सब कुछ कितना संतुलित, शांत और धैर्य से भरा हुआ है। कहीं कोई जल्दबाज़ी नहीं है। धीमा होना ही वास्तव में ध्यान है। यह अपने व्यक्तित्व में कुछ नया जोड़ने का मार्ग नहीं, बल्कि जो अनावश्यक रूप से भीतर जमा हो गया है उसे हटाने का मार्ग है। यह भीतर की पारदर्शिता, स्पष्टता और सरलता की ओर बढ़ना है, सभी जटिलताओं और उलझनों को छोड़कर अपने मूल स्वभाव में लौटना है।

जब हम अपने प्राकृतिक स्वरूप की ओर बढ़ते हैं, तो संघर्ष (struggle) और घर्षण (friction) स्वतः समाप्त हो जाते हैं। तब हम शांत होकर देख पाते हैं - पत्तों की सहज गति, शाखाओं का मधुर झूमना, पक्षियों की चहचहाहट, हवा का स्पर्श, वातावरण की शांति और स्थिरता। हर जगह एक सरल शांति और संतुलन है। इसलिए धीमे हो जाओ... क्यों भाग रहे हो? क्यों इतनी जल्दी कर रहे हो?

एक शांत मन धीरे हो जाता है, लेकिन इस धीमेपन में ही जागरूकता उत्पन्न होती है। यह धीमापन आलस्य नहीं है, यह सुस्ती नहीं है, यह लापरवाही नहीं है - यह जागृत चेतना है। इसलिए पहली तकनीक है - धीरे-धीरे खाना, धीरे-धीरे पीना, धीरे-धीरे बोलना, धीरे-धीरे चलना।

2. मौन के समय (साइलेंस विंडोज़)

दिनभर में कुछ निश्चित समय ऐसे होने चाहिए जब पूर्ण मौन हो - न फोन, न सोशल मीडिया, न बातचीत, न चैट, न कॉल। कुछ समर्पित घंटे केवल मौन के लिए। यह मौन आंतरिक संपत्ति है, आंतरिक खजाना है। शोर अशांति है, शोर मानसिक प्रदूषण है। मौन मानसिक ताजगी है। मौन वह नींद है जो बुद्धि को ताजगी देती है। बस आप मौन में बैठिए - कुछ भी किए बिना। न यह सोचिए कि आप आत्मा हैं, न यह मानिए कि आप शरीर हैं - बस रहिए। उस स्थिरता में, उस मौन में, उस एकांत में, उस शांति और सौम्यता के क्षण में - सत्य स्वयं प्रकट होगा।

मौन ईश्वर की भाषा है, मौन दिव्यता की मातृभाषा है। जब आप मौन हो जाते हैं तो अपने आप नए सत्य और नई अनुभूतियाँ आपकी चेतना के गर्भ में जन्म लेने लगती हैं। इसलिए अपने जीवन में कुछ मौन के क्षण बनाइए - कुछ निश्चित समय, जैसे एक घंटा या दो घंटे का मौन, जहाँ आप सभी इलेक्ट्रॉनिक साधनों से दूर रहें, सभी बातचीत, चैट और संवाद से दूर रहें। और संभव हो तो प्रकृति की संगति में रहें, क्योंकि प्रकृति स्वयं मौन है, अनंत है। जब आप उस प्रकृति के आश्रय में प्रवेश करते हैं तो अनंत का मिलन अनंत से होता है, सीमित समाप्त हो जाता है और अनंत प्रकट होने लगता है इसलिए अपने जीवन में मौन के क्षेत्र बनाइए, मौन के समय बनाइए, मौन के कोने बनाइए।

3. तुरंत अलग होने का स्विच (इंस्टेंट डिटैचमेंट स्विच)

यह बहुत महत्वपूर्ण है। जैसे ही जीवन में कोई अशांति उत्पन्न हो, आपके पास एक ऐसा स्विच होना चाहिए... वह स्विच कौन सा है? यह एक दृश्य है, मैं एक दर्शक हूँ - यही स्विच है। दृश्य बदल रहा है, मैं एक दर्शक हूँ। आपको दृश्यों को बदलने की क्षमता होनी चाहिए।

सुबह—दृश्य 1, आप मेडिटेशन हॉल में बैठे हैं। दृश्य समाप्त। दृश्य 2, आप कुटिया में बैठे हैं - दृश्य बदल गया। दृश्य 3, आप बाबा के कमरे में बैठे हैं - दृश्य बदल गया। आप हिस्ट्री हॉल में हैं या पीस टॉवर के पास - दृश्य बदल गया। अब आप विभाग में हैं - यह नया दृश्य है। वह दृश्य समाप्त। अब आप अपने कमरे में हैं - दृश्य बदल गया। फिर आप कहीं जा रहे हैं - दृश्य बदल गया। अब आप सुखधाम में हैं - यह वर्तमान दृश्य है। कुछ ही क्षणों में यह दृश्य भी बदल जाएगा। दृश्य बदलते रहते है और मैं एक दर्शक हूँ। "यह दृश्य है, मैं दर्शक हूँ" - यही इंस्टेंट डिटैचमेंट स्विच है। अन्यथा, एक घंटे की अशांति कई घंटों के पछतावे में बदल जाती है। घंटों की परेशानी... लेकिन अशांति को उसी क्षण समाप्त होना चाहिए। उसे लंबा खींचने मत दो, उसे आगे मत बढ़ने दो। दृश्य बदलते रहते हैं इसलिए तुरंत अलग होने का अभ्यास करो। तो स्विच क्या है? वह एक ही पंक्ति है— **"यह दृश्य है, मैं दर्शक हूँ।"**

यह एक दृश्य है, दृश्य बदल चुका है। या फिर - यह दृश्य है, मैं दर्शक हूँ, मैं साक्षी हूँ। उस पंक्ति को बनाइए, उसे दोहराइए, और स्वतः ही आप उससे अलग हो जाएंगे। क्या बदला? वक्त बदल गया, दृश्य बदल गया - दृश्य लगातार बदलते रहते हैं। यह एक नाटक है - एक दृश्य, दूसरा दृश्य, तीसरा दृश्य, चौथा दृश्य। पहला एपिसोड, दूसरा एपिसोड, तीसरा एपिसोड। आप एक धारावाहिक देख रहे हैं - दृश्य बदलते जा रहे हैं। वह कल का एपिसोड था, आज नया एपिसोड है और कल फिर अगला एपिसोड आएगा।

सब कुछ अस्थायी है, सब कुछ बदल रहा है, सब कुछ क्षणभंगुर है - अनित्य। बस परिवर्तन ही चल रहा है - बदलता हुआ, बदलता हुआ, बदलता हुआ। आप आगे बढ़ते जाइए तुरंत डिटैचमेंट अपनाइए, अलग हो जाइए। जहाँ-जहाँ आप अटके हुए हैं, उन सभी आसक्तियों (एंकर) को तोड़ दीजिए। आगे बढ़िए... आगे बढ़ते रहिए।

4. हल्केपन का अभ्यास (लाइटनेस प्रैक्टिस)

हल्कापन अपनाइए। अतीत को भूल जाइए - पछतावा, भारीपन, बोझ, तनाव, अपेक्षाएँ - ये सब बोझ बनाते हैं। ये एक आध्यात्मिक फरिश्ते के पंखों को बाँध देते हैं। जो बीत गया, वह बीत गया। अतीत, अतीत है वह चला गया, समाप्त हो गया। अब आप उसे बदल नहीं सकते। वह पहले ही दर्ज हो चुका है। अपेक्षाएँ भविष्य हैं, कल्पनाएँ हैं। पछतावा और अपराध बोध केवल दुःख को बार-बार दोहराना है। यह पीड़ा का पुनः चक्रण है; उसी दुःख को बार-बार जीना। अतीत तो बीत चुका है इसलिए हल्केपन की अवस्था बनाइए। हल्की चीज़ों को देखिए- पक्षियों को देखिए, वे कितनी सहजता से उड़ते हैं। अगर उनके पंखों पर पत्थर बाँध दिए जाए तो क्या वे उड़ पाएँगे? इसी तरह अपने सारे भावनात्मक बोझ को छोड़ दीजिए। यह भावनात्मक अनलोडिंग है। अतीत को छोड़ दो - पछतावा, अपराधबोध, दुःख, पीड़ा, दुर्भावना, रंजिशें, गलत निर्णय - सब कुछ छोड़ दो। **छोड़ो... छोड़ो... छोड़ो... और उड़ो... उड़ो... उड़ो...इसी को "हल्केपन का अभ्यास" कहा जाता है।**

5. एक पंक्ति ज्ञान लेखन (वन लाइन विजडम राइटिंग)

लिखते रहिए। हमारा मन प्रोग्राम किया जा सकता है। यह एक कंप्यूटर की तरह है, जिसे हम स्वयं प्रोग्राम कर सकते हैं। जब आप लिखते हैं तो आप नई स्मृतियाँ बना रहे होते हैं। यह मानसिक पुनःसंरचना (रीवायरिंग) है, यही न्यूरोप्लास्टिसिटी है। लिखते रहिए - हर एक घंटे में एक पंक्ति। **"मैं एक शक्तिशाली आत्मा हूँ।"** एक घंटे बाद- **"बाबा मेरे साथ हैं, मैं एक पवित्र आत्मा हूँ।"**

जब भी समय मिले, अपने पास हमेशा एक पेन रखें। पेन निकालिए, कागज पर लिखिए—जहाँ भी, जैसा भी महसूस हो, किसी भी कागज पर लिखते रहिए। "मैं एक शक्तिशाली आत्मा हूँ।" फिर छोड़ दीजिए।

"मैं एक शांत आत्मा हूँ।"

"मैं एक शक्तिशाली आत्मा हूँ।"

"मैं सर्वशक्तिमान का मालिक स्वरूप हूँ, भगवान मेरे साथ हैं।"

"मैं निडर हूँ।"

"मैं शक्तिशाली हूँ।"

"मेरे पास अडिग ऊर्जा है।"

"मुझे ईश्वर में अटूट विश्वास है।"

"मैं थकान रहित हूँ।"

तो यह क्या करेगा? यह आपके अवचेतन मन में एक नया प्रोग्राम तैयार करेगा। अवचेतन रूप से ये सभी शब्द आपके भीतर प्रवेश करेंगे और मन उसी के अनुसार वास्तविकता बनाना शुरू कर देगा। आप इसे करके देख सकते हैं। दिन के अंत तक आपके पास ऐसी 13-14 पंक्तियाँ होंगी। इस लिखने की एक नई आदत बना लीजिए - जहाँ भी समय मिले, लिखिए। जब भी बोरियत महसूस हो, लिखिए।

तो ये हैं पाँच तकनीकें -

- **धीमा होना** - खाना, पीना, चलना, बोलना, सोचना, देखना - सब कुछ धीमे करो। यदि आप धीमे नहीं होते, तो गलतियाँ होती हैं।
- **मौन का निर्माण** - मौन के समय, मौन के क्षण, मौन के क्षेत्र बनाइए। बस जाकर बैठ जाइए और देखिए, महसूस कीजिए, अवलोकन कीजिए। प्रकृति को देखिए - पत्तों को, पक्षियों को, ज़मीन को, मैदान में खेलते हुए विद्यार्थियों को, पेड़ों को, संकेत-पटों को, सड़कों को, लाइटों को, झीलों को, पहाड़ों को, आकाश को, बादलों को - सब कुछ। कुछ भी किए बिना बस खड़े रहिए और केवल देखिए, अनुभव कीजिए और दृश्यों का वर्णन कीजिए। यह एक दृश्य है... यह एक दृश्य चल रहा है। कोई वहाँ बैठा है, एक बोर्ड है, एक माइक है, और कोई कुछ बोल रहा है... ब्ला ब्ला... जो इधर-उधर जा रहा है... मौन।
- **तुरंत डिटैचमेंट** - आप एक पंक्ति बनाइए— "यह एक दृश्य है... यह दृश्य समाप्त हो गया।" चाहे दृश्य अच्छा हो, वह भी समाप्त। चाहे दृश्य सामान्य हो, वह भी समाप्त। जब आप अच्छे और सामान्य दृश्यों पर अभ्यास करेंगे, तब आप बुरे दृश्यों पर भी आसानी से

अभ्यास कर पाएंगे। जैसे यह दृश्य समाप्त हुआ, वैसे ही वह दृश्य भी समाप्त हो गया। अब यह एक नया दृश्य है, एक नया एपिसोड है। वह पुराना एपिसोड था। पुराना एपिसोड कौन देखना चाहता है? कोई नहीं। हर कोई नया एपिसोड देखना चाहता है। कल की मुरली को कौन पढ़ना चाहता है? हर कोई आज की मुरली की तलाश में रहता है। यदि आप उन्हें कहें - "यह लो, कल की मुरली," तो वे उसे देखना भी नहीं चाहेंगे, जैसे वे स्वयं ही उसका स्वरूप बन गए हों।

हमेशा नया पाने की चाह रहती है, मन को नवीनता चाहिए, सृजन चाहिए। अगर कोई आपको पुराना मोबाइल दे दे, तो क्या आप खुश होंगे? नहीं, आप तो नया, नवीनतम ही चाहते हैं - सब कुछ नया, सब कुछ ताज़ा। आप उसे खोलना चाहते हैं, रिबन हटाकर देखना चाहते हैं - "ओह, यह तो एक उपहार है!" इसी प्रकार तुरंत डिटैचमेंट अपनाइए।

- **हल्कापन** - अपने भारीपन को छोड़ दीजिए, भावनात्मक बोझ को उतार दीजिए। यह एक प्रकार का इमोशनल अनलोडिंग है। जैसे कोई भारी सामान हो, उसे उतार दो। अपने बोझ को छोड़ो और पंख के समान हल्के बन जाओ। एक पंख को उठाकर देखो - वह कितना हल्का होता है। यही हल्कापन अपनाना है - पक्षियों के पंखों जैसा, बादलों जैसा हल्का।

- **एक पंक्ति का ज्ञान लेखन** - हर एक घंटे में सिर्फ एक पंक्ति लिखो—"मैं एक शक्तिशाली आत्मा हूँ," बस। जब भी समय मिले, एक और पंक्ति लिखो - "मैं एक शांत आत्मा हूँ।" लिखते रहो, लिखते रहो और धीरे-धीरे यह लेखन ही आपके जीवन की लिखावट बन जाएगा।

Notes :

DAY 4

एक शिष्य ने गुरु से पूछा, "बुद्ध कहाँ हैं?" गुरु ने उत्तर दिया, "जो सभा-हॉल में है।" शिष्य ने कहा, "वह जो पत्थर से बना हुआ है?" गुरु ने कहा, "हाँ, वही।" शिष्य ने फिर पूछा, "बुद्ध क्या हैं?" ज़ेन गुरु ने फिर वही कहा, "जो सभा-हॉल में है।" यहीं कहानी समाप्त होती है।

प्रश्न ही मूर्खतापूर्ण है, इसलिए उत्तर भी मूर्खतापूर्ण है। प्रश्न ही निरर्थक है, इसलिए उत्तर भी निरर्थक है। **बुद्ध कोई व्यक्ति नहीं हैं। बुद्ध एक जागरूकता की अवस्था हैं।** बुद्ध जागृत चेतना की अवस्था हैं। वे सभा-हॉल में नहीं हैं, वे मूर्ति में नहीं हैं, वे किसी मत या सिद्धांत में नहीं हैं, वे किताबों या शास्त्रों में भी नहीं हैं; यह एक ऐसी अवस्था है, जिसे जीना होता है।

यह एक ऐसी अवस्था है जिसे अनुभव किया जाना चाहिए, तो कोई दूसरा आपको कैसे बता सकता है कि बुद्ध क्या हैं? उसी प्रकार **योग और ध्यान भी एक ऐसी अवस्था हैं जिन्हें जीना और अनुभव करना होता है। योग की कोई परिभाषा नहीं है, ध्यान की भी कोई परिभाषा नहीं है; यह एक आभा है, यह जागरण की प्रज्वलित ज्योति है।** यह कोई धर्म नहीं है, न ही कोई जाति या पंथ है। यह कोई कर्मकांड नहीं है, न ही कोई मंत्र है, और न ही यह परंपराओं तक सीमित है।

यह एक जीवंत अनुभव है। योग को केवल अपने अनुभव से ही सीखा जा सकता है; इसे उधार नहीं लिया जा सकता, न छीना जा सकता है, न ही चुराया जा सकता है। यह दिव्य जागरण है, यह प्रबुद्ध अवस्था है। इसका किसी स्थान से कोई संबंध नहीं है, यह शब्दों से परे है। इसका किसी गीत, शब्द या संगीत से कम संबंध है; यह मौन का संगीत है, यह बिना शब्दों का गीत है।

आज हम एक नए योग अभ्यास को देखेंगे -

1. 5x5x5 रिपीटेशन मेथड - जब आप किसी बात को दोहराते हैं, तो केवल एक बार सुन लेने से आध्यात्मिक प्रगति नहीं होती। जिस बात से आपको प्रेरणा मिलती है, उसकी निरंतर स्मृति ही आपके अंदर एक नई आंतरिक संरचना बनाती है। यह लगातार मानसिक अंकन है, यह

निरंतर अभ्यास है, यह बार-बार दोहराव है। यह सिद्धांत बहुत सरल है - आप कोई भी एक वाक्य लें। उदाहरण के लिए एक बहुत सरल वाक्य: "मैं एक शांत आत्मा हूँ।" इसे 5 बार लिखें, फिर 5 बार पढ़ें, और उसके बाद 5 बार याद करने का प्रयास करें। हर बार जब आप इसे लिखते हैं, हर बार जब आप इसे ज़ोर से बोलते हैं, और हर बार जब आप इसे याद करते हैं, आप अपने अंदर एक नया मार्ग (पाथवे) बना रहे होते हैं। आपका मन पहले से ही देह-अभिमान में ढला हुआ है। देह-आधारित विचारों, भावनाओं और दृश्यों से भरा हुआ है, जहाँ सब कुछ शरीर के इर्द-गिर्द केंद्रित है। अब हम उसके लिए एक नया मार्ग तैयार कर रहे हैं।

प्रगति धीरे-धीरे, क्रमशः होती है। "**मैं एक शांत आत्मा हूँ। मैं एक शक्तिशाली आत्मा हूँ। मैं शरीर से अलग हूँ।**" इन वाक्यों को 5 बार लिखें, 5 बार ज़ोर से पढ़ें और फिर उन्हें याद करने का प्रयास करें। इसे सुबह, दोपहर और शाम, जितनी बार संभव हो दोहराएँ। यह लिखना, पढ़ना और याद करना आपके भीतर एक नया मार्ग (पाथवे) बनाएगा।

यह उस खेत की तरह है जो खरपतवार से भर गया हो; जब आप बार-बार खरपतवार को उखाड़ते हैं तो धीरे-धीरे खेत साफ होता जाता है। इसलिए यह प्रक्रिया तुरंत पूरी नहीं होती, बल्कि एक क्रमिक प्रक्रिया है। इसी तरह, जिस चीज़ का आप अभ्यास नहीं करते, उसे अब शुरू करें - जैसे, "मुझे अपने शरीर का व्यायाम करना पसंद है। मैं तब काम कर रहा हूँ जब मैं पसीना बहाता हूँ।" मैं केवल अपने शरीर को आकार नहीं दे रहा हूँ, बल्कि अपने मन को भी नया रूप दे रहा हूँ।

बहुत से लोग शरीर को लेकर संघर्ष करते हैं और सफलता प्राप्त नहीं कर पाते, क्योंकि प्रेरणा की कमी होती है और यदि प्रेरणा होती भी है तो उसमें निरंतरता नहीं होती। **इसलिए लिखते रहें, ज़ोर से पढ़ते रहें और याद करते रहें - ये तीनों बातें मिलकर एक नया मार्ग (पाथवे) बनाती हैं। यह मानसिक छाप (इम्प्रिंटिंग) है, यह अवचेतन मन का पुनर्गठन (रीवायरिंग) है।** चलना मेरा पसंदीदा व्यायाम है, मुझे चलना और दौड़ना पसंद है, मुझे मुरली पढ़ना अच्छा लगता है। **मैं एक मुरली एथलीट हूँ; मुरली एक मैराथन की तरह है और मैं एक धावक हूँ। मैं यहाँ आराम करने नहीं आया हूँ, मैं एक अथक कर्मयोगी हूँ - रुकना मना है।**

आराम करना वर्जित है। समय व्यर्थ करना वर्जित है। मैं अपने 24 घंटों का एक भी सेकंड व्यर्थ नहीं करता। हर पल, हर घंटा, हर सेकंड मैं अपने एक नए स्वरूप के निर्माण में लगा रहा हूँ। मैं अपने उच्चतर स्वरूप की आकांक्षा रखता हूँ, इसलिए यह एक बहुत सुंदर विधि है।

आप कोई भी एक वाक्य ले सकते हैं - "मैं शरीर से अलग हूँ।" इसे 5 बार लिखें, फिर बैठकर 5 बार पढ़ें और फिर इसे अलग रखकर 5 बार याद करने का प्रयास करें। एक बार पूरा होने पर इसे छोड़ दें और फिर दोपहर या शाम में, या जब भी आपको समय मिले, दोबारा करें। यह पहला तरीका है।

2. बिंदु फ्लैश रिकॉल

फ्लैश रिकॉल का अर्थ है कि आपको हर दिन लंबी और बिना रुकावट वाली ध्यान साधना के सत्र नहीं मिलेंगे।

आप किसी मीटिंग में हैं, किसी काम के बीच में हैं या ट्रैफिक में फँसे हुए हैं। तभी अचानक क्रोध की लहर उठने वाली होती है - उसी क्षण आप एक विचार उत्पन्न करें: "मैं एक बिंदु स्वरूप आत्मा हूँ। बाबा बिंदु हैं। यह दृश्य भी एक दृश्य मात्र है।" और फिर एक बिंदु लगा दें - मानो पूर्ण विराम। ये तीन बिंदु आपको तुरंत अलग (डिटैच) कर देते हैं। हर समय लंबी ध्यान साधना संभव नहीं होती और परिस्थितियाँ बहुत तेजी से बदलती रहती हैं, इसलिए यह एक आध्यात्मिक इमरजेंसी ब्रेक की तरह काम करता है। अन्यथा मन प्रश्न करने लगता है और अधिक प्रश्न करना आध्यात्मिक थकान, भ्रम और भावनात्मक अशांति का कारण बनता है। बस एक बिंदु लगाएँ और सब शांत हो जाता है। अब और कोई प्रश्न नहीं, "यह क्यों हुआ?" ये सारे पाँच W और एक H: What, Why, When, Where, Who और How; मानो एक पति और पाँच पत्नियाँ। क्या हुआ, क्यों हुआ, कब हुआ, कहाँ हुआ, किसने किया, कैसे हुआ और फिर जिम्मेदार कौन है?

अगर आपके बारे में कुछ सुनते हैं तो पहला सवाल उठता है, किसने कहा? क्यों कहा? क्या कहा? कब कहा? कहाँ कहा? कैसे कहा? क्या वह सम्मानपूर्वक कहा गया या तिरस्कार

के साथ? इन सब पर एक पूर्ण विराम लगा दें। यही है - एक H और पाँच W को रोक देना, लेकिन यही तरीका ज्ञान मंथन के लिए भी उपयोगी बन सकता है - क्यों मैं मुरली पढ़ूँ? कब पढ़ूँ? कैसे पढ़ूँ? कहाँ पढ़ूँ? कौन पढ़ रहा है? इस प्रकार वही प्रश्न मंथन का साधन बन जाते हैं। इसलिए "बिंदु फ्लैश रिकॉल" का अर्थ है - बस स्मरण करें, बिंदु लगाएँ और मन को तुरंत स्थिर कर लें।

3. ऑडियो लूप प्रोग्रामिंग

एक सरल वाक्य अपनी ही आवाज़ में रिकॉर्ड करें, जैसे "मैं एक शक्तिशाली आत्मा हूँ" और उसे बार-बार सुनें। हमारा अवचेतन मन संगीत, लय और दोहराव की भाषा को समझता है। इसलिए जब आप विचलित हों, भावनात्मक रूप से अस्थिर हों, तब इसे सुनते रहें, बार-बार सुनते रहें। यह एक तरह की ड्रिलिंग और हैमरिंग है, जो भीतर गहराई तक असर करती है। आजकल मुरली पॉडकास्ट भी उपलब्ध हैं, जिन्हें आप सुन सकते हैं। वे बहुत अच्छे होते हैं कई तो AI द्वारा बनाए गए होते हैं और मानव भावनाओं की नकल करने का प्रयास करते हैं। इसलिए जब आप परेशान हों, ध्यान भटक रहा हो, यात्रा कर रहे हों, कहीं खड़े हों, या कुछ ऐसा कर रहे हों जिसमें आपका पूरा ध्यान न लग रहा हो - जैसे खाना बनाते समय, खाते समय, या जब मन में कोई आकर्षण या इच्छाएँ उठ रही हों - तब इन ऑडियो को सुनना बहुत सहायक होता है।

छोटे-छोटे ऑडियो या कुछ गीत सुनना बहुत लाभदायक होता है। उन शब्दों को अपने अवचेतन में धीरे-धीरे उतरने दें, उन ऑडियो को अपने मन की गहराइयों तक पहुँचने दें। कौन-सा शब्द कहाँ जाकर बैठ जाएगा, यह हमें पता नहीं होता। अभी भी हमारा मन अनजाने में बहुत शोर, बहुत विक्षेप और देह-अभिमान के अनेक संस्कारों से भरा हुआ है। हम मुरली पढ़ते तो रहते हैं, लेकिन उसका सार अवचेतन तक नहीं पहुँच पाता, जबकि कोई निरर्थक बात तुरंत अंदर बैठ जाती है - क्यों? क्योंकि उसका लगातार दोहराव होता रहता है। अवचेतन मन दोहराव और लय की भाषा को समझता है। इसलिए "ऑडियो लूप प्रोग्रामिंग" बहुत प्रभावी है।

4. लोकेशन ट्रेनिंग मेथड

जैसे हमने लोकेशन मेथड या मेमोरी पैलेस के बारे में देखा था। इसी प्रकार कुछ स्थान ऐसे होते हैं, जो अपने आप किसी विशेष क्रिया या भावना की याद दिला देते हैं। जैसे आप जिम जाते हैं तो वहाँ बैठकर ध्यान नहीं करते, अपने आप व्यायाम करने लगते हैं। आप मेडिटेशन रूम में जाते हैं तो स्वतः ध्यान में बैठ जाते हैं।

ऑफिस में जाते ही काम का दबाव महसूस होने लगता है, किचन में जाते ही भूख जाग जाती है। आप भूखे न भी हों, लेकिन जब डाइनिंग एरिया में स्वादिष्ट भोजन देखते हैं तो खाने की इच्छा होने लगती है।

ट्रैफिक का मतलब चिड़चिड़ापन, ऑफिस का मतलब दबाव, जिम का मतलब व्यायाम - ये सब एक-दूसरे के पर्याय बन जाते हैं। मैदान में जाते ही खेलना शुरू हो जाता है, वहाँ बैठकर ध्यान नहीं करते। जब आप बच्चों को फुटबॉल खेलते देखते हैं तो वही भावना जागती है। इसी तरह यह विधि सिखाती है कि हम स्थानों को विशेष विचारों के साथ जोड़ (टैग) दें, ताकि जैसे ही हम उस स्थान पर जाएँ, वह विचार अपने आप जागृत हो जाए। जैसे आपकी कुर्सी, वह "आत्मा का सिंहासन" है। किचन - वहाँ एक संकल्प: "मैं स्मृति में रहकर भोजन करता हूँ।"

इस प्रकार ये स्थान हमें अपने आप याद दिलाने लगेंगे और "स्मृति के ज़ोन" बन जाएँगे। स्थान हमें संकेत देंगे- यह करना है, यह नहीं करना है। हर स्थान को एक विशेष संकल्प के साथ जोड़ दें। आपका ऑफिस "कार्मिक हिसाब-किताब" और "कर्मयोग" का स्थान है - यही आपका विचार हो। तब यदि आप योग करना भूल भी जाएँ तो वह स्थान आपको याद दिला देगा। ट्रैफिक में "मैं कमल समान हूँ, पानी में रहते हुए भी उससे अछूता हूँ।" इस तरह हर स्थान को किसी संकल्प, स्वमान या किसी नाम से जोड़ दें।

अब यह स्थान सुखधाम है इसलिए अपने मन में यह संकल्प रखें - "मैं सुखधाम में प्रवेश कर रहा हूँ," अर्थात मैं ऐसे स्थान में जा रहा हूँ जहाँ केवल सुख है। तब यदि मैं पहले से दुःखी भी हूँ तो भी मैं खुश हो जाऊँगा, क्योंकि उस स्थान में वही कंपन (वाइब्रेशन) है। "मैं मधुबन में प्रवेश कर रहा हूँ" - मधुबन जैसे एक गर्भ के समान है, जैसे लाल रंग, जो शक्ति का प्रतीक है और

सफेद वस्त्र पवित्रता का प्रतीक हैं। इस प्रकार पवित्रता और शक्ति का सुंदर संगम बनता है। वहाँ मैं सफेद वस्त्रों में फरिश्तों को देखता हूँ और अमृतवेला का दृश्य अनुभव करता हूँ। मधुबन का अमृतवेला एक बहुत ही अलग, अत्यंत शक्तिशाली और प्रभावशाली दृश्य है इसलिए इन भावनाओं और दृश्यों को अपने मन में जोड़ें और उनसे जुड़कर अनुभव करें।

हर स्थान को किसी स्वमान, किसी संकल्प या ज्ञान के किसी बिंदु के साथ जोड़ दें ताकि वह स्थान अपने आप उस विचार को जागृत कर दे।

5. वॉटर प्रोग्रामिंग प्रैक्टिस

पानी हमारे संकल्पों का वाहक होता है, यानी वह हमारे इरादों को धारण करता है। इसलिए आप जो बनना चाहते हैं, उस संकल्प को पानी में भर दें। पानी भी ध्यान का माध्यम बन सकता है, पीना भी ध्यान बन सकता है। जब आप पानी पीते हैं, उससे पहले उसमें एक सकारात्मक विचार डालें और वह धीरे-धीरे आपके भीतर प्रकट होने लगता है। जैसे संकल्प लें: **"मैं एक शांत आत्मा हूँ," और जब भी आप पानी पिएँ, अनुभव करें कि आप शांति से भरते जा रहे हैं।**

Notes :

DAY 5

अमेरिका के सबसे धनी व्यक्तियों में से एक एंड्रयू कार्नेगी एक सुबह टहल रहे थे, तभी उनकी नजर एक भिखारी पर पड़ी। उस भिखारी ने कहा, "मुझे एक साधारण व्यक्ति मत समझिए, मैं भी एक लेखक हूँ।" कार्नेगी ने पूछा, "आपने किस प्रकार की किताब लिखी है?" भिखारी ने उत्तर दिया, "मैंने 'अमीर बनने के 100 तरीके' नाम की एक किताब लिखी है।" यह सुनकर कार्नेगी हँस पड़े और बोले, "यह कैसी किताब है, और आप खुद अभी भी भिखारी हैं?" भिखारी ने कहा, "यह अमीर बनने का 100वाँ तरीका है - भीख माँगना और यह भी मेरी किताब में शामिल है।"

भिखारी भी अमीर बनने का सोचता है, सपने देखता है, यहाँ तक कि उस पर किताब भी लिखता है। दूसरी ओर, जीवन के अंत में एंड्रयू कार्नेगी बीमार थे और मृत्यु के करीब थे। उनसे पूछा गया, "आपको तो बहुत खुशी होगी कि आप इतनी अपार संपत्ति पीछे छोड़कर जा रहे हैं।" इस पर कार्नेगी ने कहा, "नहीं, मैं भी खुश नहीं हूँ।" मेरा लक्ष्य बहुत ऊँचा था और जो मुझे प्राप्त करना चाहिए था, उसका 10% भी मैं हासिल नहीं कर पाया। इसलिए गरीब भी दुखी है और अमीर भी दुखी है, शायद दोनों ही कहीं न कहीं चूक गए।

सुख एक आंतरिक सामंजस्य है, एक भीतरी संतुलन है। यह कोई प्राप्त करने की वस्तु नहीं है, बल्कि अपने वास्तविक स्वभाव में लौटने की अवस्था है और खुशी तो आत्मा का स्वभाव ही है। यह अज्ञानता की बात नहीं है, बल्कि भूल जाने की बात है। जीवन के विभिन्न दृश्य, परिस्थितियाँ और उतार-चढ़ाव मन में सूक्ष्म अशांति पैदा कर देते हैं, जिससे मन अपनी शांति और स्थिरता खो देता है।

इसलिए लक्ष्य है फिर से केंद्र की ओर लौटना। बाहरी परिधि अशांति से भरी होती है, वहाँ विभाजन और उथल-पुथल है। जैसे ही हम परिधि से केंद्र की ओर बढ़ते हैं, शांति स्वतः लौट आती है। यह कुछ नया सीखने की बात नहीं है, बल्कि अनसीखने की प्रक्रिया है, अनावश्यक परतों को हटाने की प्रक्रिया है।

तो आज हम मन को दिव्य से जोड़ने के पाँच और अभ्यास देखेंगे :-

1. पार्ट अवेयरनेस

यह संसार एक नाटक है, जहाँ सब कुछ पहले से निर्धारित है। जीवन के इस महान रंगमंच में सब कुछ पूर्वनियत है। यह संसार एक सुंदर कोरियोग्राफी है। जैसे ही मैं कहता हूँ - "यह मेरे साथ क्यों हुआ? ऐसा नहीं होना चाहिए था। यह व्यक्ति ऐसा है, वह व्यक्ति वैसा है"- मैं भूल जाता हूँ कि यह एक नाटक है और हर किसी को अपना-अपना पार्ट मिला हुआ है। **जब मैं इस जागरूकता में रहता हूँ तो मैं स्वतः डिटैच हो जाता हूँ - यह उसका पार्ट है और यह मेरा पार्ट है।** इससे एक अद्भुत शांति और हल्कापन महसूस होता है।

मैं यहाँ किसी को सुधारने नहीं आया हूँ, न ही किसी को बदलने आया हूँ। किसी को बदलने की इच्छा ही सूक्ष्म अशांति पैदा करती है। यह उसका पार्ट है, यह मेरा पार्ट है। यह एक ड्रामा है, हर कलाकार अपना-अपना किरदार निभा रहा है। यह पहले से तय, पूर्वनियत नाटक है।

मैं देह-अभिमान और भूमिका की चेतना से हटकर एक साक्षी बन जाता हूँ - जैसे पीछे बैठकर देख रहा हूँ कि क्या हो रहा है। यह अस्तित्व का महान रंगमंच है, कोई खुश है, कोई दुखी है। जब मैं इसे समझ लेता हूँ, तो शिकायतें अपने आप समाप्त हो जाती हैं।

जब मैं इस सत्य को समझ लेता हूँ तो न तुलना रहती है, न कोई निर्णय (जजमेंट) और न ही कोई चिड़चिड़ापन। आखिर मैं किसे जज करूँ? मैं केवल देखता हूँ - ये सभी अभिनेता हैं, जिन्हें एक स्क्रिप्ट दी गई है, एक कहानी, कुछ संवाद। वे मंच पर आकर अपने-अपने किरदार को बहुत सुंदर तरीके से निभा रहे हैं।

मानो इस नाटक के कई एपिसोड हैं :- एपिसोड-1, एपिसोड- 2, एपिसोड- 3 और यह ड्रामा चलता ही जा रहा है, इसमें कई कलाकार हैं जो अपनी-अपनी भूमिका निभा रहे हैं। जैसे किसी फिल्म या नाटक के रिलीज़ होने से पहले प्रमोशन होता है, जहाँ कलाकार दर्शकों से कहते हैं कि वे इस फिल्म या नाटक को देखें, लेकिन उस समय वे अपने किरदार से पूरी तरह अलग (डिटैच) होते हैं। वे हर क्षण यह जानते हैं कि वे केवल एक भूमिका निभा रहे हैं,

वास्तविकता में वे उससे अलग हैं। **यही जागरूकता हमें भी रखनी है कि हम इस जीवन के नाटक में अपने-अपने पार्ट निभा रहे हैं।** यह एक नाटक है और हम उससे अलग हैं।

उस नाटक में एक लड़की है जो लगातार कष्ट सह रही है, एक सास है जो उसे हर समय परेशान करती रहती है और फिर अचानक परिस्थितियों में बदलाव आता है। वह लड़की अपमान और आघात से भरी हुई है, उसका जीवन आत्म-संदेह, आत्म-मूल्य की कमी और दबावपूर्ण अनुभवों से भरा हुआ है, लेकिन फिर अचानक कुछ ऐसा होता है कि वह आत्मविश्वासी बन जाती है और आगे चलकर वही महिला शक्ति और अधिकार से भर जाती है। तब हमें खुशी होती है - "ओह, इस नाटक का अंत अच्छा हुआ," और इसके बाद वे सब शांति से साथ रहने लगते हैं। इस प्रकार यह नाटक समाप्त होता है। बीच में बहुत सारी अशांति होती है और अंत में सब ठीक हो जाता है, **"अंत भला तो सब भला।"**

यह वास्तव में एक बहुत सुंदर नाटक है, लेकिन जैसे ही हम भूल जाते हैं कि यह एक नाटक है, अशांति शुरू हो जाती है। इसलिए "पार्ट अवेयरनेस" बहुत आवश्यक है। यह एक भूमिका है, यह एक पार्ट है; वह उसका पार्ट है और यह मेरा पार्ट है। इस जागरूकता को बनाए रखना बहुत ज़रूरी है, ताकि हम स्थिर और अडोल रह सकें। **अन्यथा परिस्थितियाँ हवा की तरह होती हैं और मन बादल की तरह; वह तूफानों में बह जाता है। माया के इस तूफान में मन बहुत कमजोर हो जाता है, अपनी सार्थकता खो देता है और भीतर एक संघर्ष शुरू हो जाता है इसलिए "पार्ट अवेयरनेस" जरूरी है।**

2. माया की पहचान करने की कला

माया कभी भी लेबल लगाकर नहीं आती। "मैं माया हूँ, मैं क्रोध हूँ"- माया कभी इस तरह सामने नहीं आती, वह हमेशा छिपे हुए रूप में आती है। जैसे - यह गलत है, ऐसा नहीं होना चाहिए, यह व्यक्ति ऐसा क्यों बोल रहा है, पूरा सिस्टम ही गलत है, सब अन्याय कर रहे हैं, मैं सब बदल दूँगा, पेपर बहुत कठिन था, मैं सहमत नहीं हूँ, प्रश्न बहुत खराब थे। ऐसे विचार ही धीरे-धीरे माया का रूप ले लेते हैं।

जैसे ही आप माया को पहचानकर नाम दे देते हैं, वह समाप्त होने लगती है, **जिस क्षण**

आप कहते हैं, "यह माया है," वह भाग जाती है इसलिए उसे पहचानना और नाम देना जरूरी है, "यह चिड़चिड़ापन है, यह क्रोध है।" जैसे ही सही पहचान हो जाती है, माया टिक नहीं पाती। **अंधकार को प्रकाश में लाओ और अंधकार अपने आप मिट जाता है इसलिए यह नई कला सीखें - लेबलिंग की कला।** जब हम अशांत होते हैं, तो उसे स्पष्ट रूप से पहचानें और नाम दें, तभी उससे मुक्त होना संभव होता है।

हम कहते हैं, "मुझे नहीं पता मैं क्यों परेशान हूँ," लेकिन जैसे ही हमें समझ आता है कि भीतर कहीं गहरा आसक्ति (अटैचमेंट) है, और जैसे ही मैं कहता हूँ- "यह आसक्ति है," उसी क्षण मैंने उसे पहचानकर नाम दे दिया और तब अंधकार टिक नहीं पाता, वह अपने आप दूर हो जाता है। इसलिए माया की पहचान या माया को लेबल करना बहुत आवश्यक है। उसे नाम दें "यह चिड़चिड़ापन है, यह तुलना है, यह जजमेंट है, यह आसक्ति है, यह वासना है, यह क्रोध है, यह अहंकार है।" जैसे ही यह लेबलिंग पूरी होती है, आग अपना ईंधन खो देती है और भ्रम अपनी पकड़ छोड़ देता है। **माया आखिर एक भ्रम ही है - एक भ्रांति, जो पहचानते ही समाप्त हो जाती है।**

जैसे "रस्सी-साँप" का उदाहरण दिया जाता है। अंधेरे में आपको रस्सी साँप जैसी दिखाई देती है और आप डर जाते हैं, लेकिन जैसे ही आपको पता चलता है कि यह साँप नहीं, बल्कि रस्सी है, आपका डर समाप्त हो जाता है। यदि वह सच में साँप होता तो आप या तो उससे लड़ते या भाग जाते, लेकिन अब जब यह स्पष्ट हो गया कि यह रस्सी है तो न लड़ने की जरूरत है और न भागने की, यह निश्चित समझ ही जागृति है।

3. एक्सपैंशन मेडिटेशन

इसमें स्वयं को विस्तारित रूप में अनुभव किया जाता है। मैं केवल शरीर नहीं हूँ जिसमें आत्मा रहती है, बल्कि मैं आत्मा हूँ जिसमें यह शरीर समाया हुआ है। मैं समुद्र में एक बूँद नहीं हूँ, बल्कि मैं एक बूँद हूँ जिसके भीतर समुद्र समाया हुआ है। मैं त्वचा नहीं हूँ, मैं त्वचा से परे हूँ, इस कमरे से परे, इस मधुबन से परे, इस स्थान से परे। मैं एक विस्तारित अस्तित्व हूँ, चेतना का विस्तार।

हर उस चीज़ को छोड़ना जो सीमित है, हर उस चीज़ को छोड़ना जो छोटी और तुच्छ है और विशालता की ओर बढ़ना। **एक क्षण के लिए मैं ही विशाल हूँ - आकाश, समुद्र; मैं बहुत बड़ा हूँ, विशाल, असीम, एक परम चेतना। इसे ही एक्सपैंशन मेडिटेशन कहा जाता है।** केवल एक छोटा सा अस्तित्व नहीं, बल्कि सब कुछ मेरे भीतर समाया हुआ है, और जब सब कुछ "मैं" हो जाता है तो मैं किसी को चोट नहीं पहुँचा सकता, मैं किसी का अहित नहीं कर सकता। मैं हर किसी को अपने ही प्रतिबिंब के रूप में, अपनी ही छवि के रूप में देखता हूँ। इसे ही एक्सपैंशन मेडिटेशन कहा जाता है। जब आप इस विस्तार का अनुभव करते हैं, तो आप इस पर और भी कार्य कर सकते हैं, इस पर विभिन्न प्रकार की कमेंट्री बना सकते हैं- सीमित से निकलकर असीम चेतना के क्षेत्र में प्रवेश करने के लिए।

4. एनर्जी इंटेग्रिटी रूल

हम इसलिए थकते नहीं हैं कि काम बहुत अधिक है, बल्कि इसलिए थकते हैं क्योंकि हमारी भावनात्मक ऊर्जा में रिसाव (लीकेज) हो रहा होता है। हम सेवा या काम से नहीं थकते, बल्कि व्यर्थ विचारों, सूक्ष्म नकारात्मकता, चिड़चिड़ापन, क्रोध और दबे हुए भावों के कारण थकते हैं। जैसे ही आप इस ऊर्जा के रिसाव को रोक देते हैं, क्रोध स्वीकार्यता में बदल जाता है।

अब कोई भी भावनात्मक ऊर्जा का रिसाव नहीं होना चाहिए, क्योंकि सेवा भी अन्यथा कष्ट बन जाती है और जब ऊर्जा का रिसाव होता है नौकरी, कार्य तथा कर्तव्य भी बोझ लगने लगते हैं, इसलिए इस प्रकार कार्य करें कि आपकी ऊर्जा सुरक्षित रहे। **आध्यात्मिकता का अर्थ है ऊर्जा का संरक्षण और उसका सही उपयोग। अपनी भूमिका को स्वीकार करें - हाँ, यह मेरा पार्ट है, मैं इसे पूर्ण रूप से स्वीकार करता हूँ। भीतर के विरोध को त्याग दें और स्वीकार्यता के नियम को अपनाएँ। ईश्वरीय विधान को प्रकट होने दें और धैर्य रखें।**

जीवन एक गहन रहस्य है, और बहुत सी बातें हैं जिन्हें हम अभी तक समझ नहीं पाए हैं - मैं कौन हूँ? मैं क्या हूँ? मैं यहाँ क्यों हूँ? हम क्यों खाते हैं, क्यों पीते हैं? ये लोग कौन हैं? ये संबंध क्या हैं? ये बंधन क्या हैं? इसलिए **अपने भीतर जिज्ञासा और आश्चर्य का भाव बनाए रखें एक छोटे बच्चे की तरह, जो हर चीज़ को जानना चाहता है।** आपने देखा होगा, बच्चा कैसे प्रश्न

करता है - वह उत्तर पाने की चिंता नहीं करता, बल्कि जानने की खुशी में प्रश्न करता है।

एक बच्चा आता है और एक प्रश्न पूछता है और उससे पहले कि आप उत्तर दें, वह दूसरा प्रश्न पूछ लेता है। वह अपना पहला प्रश्न ही भूल जाता है। उसके प्रश्न करने में एक मासूमियत होती है। वह खेल भावना में होता है, आनंदित होता है, उसे आपके उत्तरों की चिंता नहीं होती। उसका कोई स्वार्थ नहीं होता, वह बस पूछता है कि पत्ते हरे क्यों होते हैं और जब तक आप सोच ही रहे होते हैं, तब तक वह किसी और बात में लग जाता है; वह पहले प्रश्न को भूल चुका होता है। यही मासूमियत हममें नहीं रहती और इसी कारण ऊर्जा का रिसाव होता है; बस इसे जाँचें।

आज की अव्यक्त मुरली में बाबा ने बार-बार कहा है - "चेक करो, चेंज करो, चेक करो, चेंज करो, चेक करो, चेंज करो।" अपने आप को जाँचें और बदलें। अपने राज्य को जाँचें, अपने धर्म को जाँचें, अपने नियम-कानून को जाँचें और फिर उसे परिवर्तित करें। समय बहुत कम है और तूफानों को भी उपहार के रूप में देखना चाहिए इसलिए चेक और चेंज, चेक और चेंज। सदा खुश रहें और खुशियाँ बाँटते रहें। चेक और चेंज।

5. बिंदु का टीका रिमाइंडर

यह बहुत सुंदर विधि है। हमारी समस्या अज्ञान नहीं है। अज्ञान समस्या नहीं है। **समस्या है अचेतनता, समस्या है विस्मरण, समस्या है भूल जाना। यही सबसे बड़ी गरीबी है** इसलिए एक बिंदु लगाएँ और वह एक स्मृति का संकेत बन जाए। अपने मोबाइल पर, अपने पेन पर, अपने डस्टर पर; हर जगह बिंदु, बिंदु, बिंदु। बाहर का बिंदु अंदर के बिंदु की याद दिलाएगा। बाहरी बिंदु, आंतरिक यात्रा की याद दिलाएगा। छोटे-छोटे बिंदु वाले स्टिकर लगाएँ और जहाँ भी बिंदु दिखाई दे, स्वयं को याद दिलाएँ - "मैं बिंदु हूँ।" बिंदु का अर्थ है - बिंदु, बस यही।

एक बिंदु, एक पॉइंट, पूर्ण विराम; अब कोई और प्रश्न नहीं। "यह क्यों हुआ? वह क्यों हुआ? यह व्यक्ति ऐसा क्यों करता है? वे अच्छे से व्यवहार क्यों नहीं करते?" आप कौन होते हैं निर्णय करने वाले? वे तो केवल अपना-अपना पार्ट निभा रहे हैं। निर्देशक द्वारा उन्हें एक स्क्रिप्ट दी गई है और वे उसी का पालन कर रहे हैं। कितनी सुंदरता से वे अपने संवाद प्रस्तुत कर रहे हैं। उनके संवाद इस ड्रामा के साथ पूरी तरह मेल खाते हैं। यहाँ तक कि आपको रावण के संवादों

की भी सराहना करनी चाहिए, वे भी कितने सटीक हैं। इसलिए ड्रामा को याद रखें, माया को पहचानें और एक्सपैंशन मेडिटेशन का अभ्यास करें।

मैं छोटा नहीं हूँ, मैं विशाल हूँ। मैं कोई बूँद नहीं हूँ, मैं स्वयं महासागर हूँ। मैं केवल एक बिंदु नहीं हूँ, बल्कि असीम विस्तार हूँ। मैं असीमित, अनंत और शाश्वत हूँ। मेरे सामने पर्वत भी झुक जाते हैं। मैं असीम शक्ति और ऊर्जा हूँ। मैं केवल यह शरीर या त्वचा नहीं हूँ। मैं इस छोटे से क्षेत्र तक सीमित नहीं हूँ। मैं फैलता हूँ और फैलता जाता हूँ। अपने आप को इतना विस्तार दो कि तुम्हें पूरी पृथ्वी का अनुभव हो। मैं पूरी पृथ्वी हूँ, मैं पूरा विश्व हूँ। यह भी ध्यान की एक विधि है।

अगला है एनर्जी इंटेग्रिटी। ऊर्जा के रिसाव को रोकना। नकारात्मकता में, व्यर्थ विचारों में, व्यर्थ बोल में, व्यर्थ कर्मों में और बिना उद्देश्य के डिजिटल भटकाव में हमारी ऊर्जा व्यर्थ होती है, इसलिए इन सबमें होने वाले ऊर्जा के रिसाव को रोकें।

अंत में है बिंदु स्टिकर - एक बिंदु लगाएँ, एक डॉट लगाएँ और जहाँ भी आपको बिंदु दिखाई दे, याद करें - "मैं बिंदु हूँ।" पढ़ते समय भी जहाँ-जहाँ डॉट दिखे, जैसे अंग्रेज़ी में 'i' और 'j' पर जो बिंदु होता है, उसे देखते ही स्वयं को याद दिलाएँ कि "मैं बिंदु हूँ।" हर बिंदु आपको आपकी असली पहचान की याद दिलाए। यही एक सुंदर उपाय है। ड्रामा को याद रखें, माया को याद रखें और माया को पहचानें।

Notes :

DAY 6

एक स्विस पत्रकार नए इटेलियन प्रधानमंत्री कास्पेरी का इंटरव्यू ले रहा था। इंटरव्यू के बाद वे दोनों बैठकर बातचीत (चिट-चैट) कर रहे थे। बातचीत के दौरान पत्रकार ने कहा, "यह मेरा आख़िरी इंटरव्यू है। मैं 65 वर्ष का हो गया हूँ और अब रिटायर होने वाला हूँ।" यह सुनकर नवनिर्वाचित प्रधानमंत्री ने कुछ ऐसा कहा कि पत्रकार पूरी तरह हैरान रह गया। प्रधानमंत्री ने कहा, "अच्छा, आप 65 के हैं और मैं भी 65 का हूँ। आप रिटायर हो रहे हैं और मैं अपने नए करियर की शुरुआत कर रहा हूँ।" यानी प्रधानमंत्री 65 वर्ष की उम्र में अपना नया करियर शुरू कर रहे थे और वे बहुत उत्साहित थे। वहीं दूसरी ओर, पत्रकार रिटायर हो रहा था।

उम्र कोई बाधा नहीं है। सीखना एक अनंत प्रक्रिया है। यह हर पल नया अनुभव है। आप यह नहीं कह सकते कि मैं पिछले 10, 20 या 30 वर्षों से ध्यान कर रहा हूँ। हर ध्यान एक नया सत्र होता है। हर दिन एक नई प्रेरणा लेकर आता है। **हर परिस्थिति अपने साथ सीखने के नए अध्याय लाती है, इसलिए सीखने की लगन और खुद को बेहतर बनाने की चाह हमेशा बनी रहनी चाहिए। उम्र कोई बाधा नहीं है।**

लोग आमतौर पर 60 वर्ष की उम्र में रिटायर होने के बारे में सोचते हैं, लेकिन हम सभी जानते हैं कि ब्रह्मा बाबा (फादर ब्रह्मा) ने 60 वर्ष की उम्र में अपना आध्यात्मिक नया जीवन शुरू किया। यदि आप इतिहास के पन्नों को देखें तो आपको ऐसे बहुत से लोग मिलेंगे जिन्होंने अधिक उम्र में अपने करियर की शुरुआत की और वे सफल हुए, निरंतर सक्रिय रहे। वहीं कुछ लोग 50 या 60 वर्ष की उम्र में ही बिस्तर पर पड़ जाते हैं और दूसरी ओर कुछ लोग उसी उम्र में अपना नया जीवन शुरू करते हैं। यह सब मानसिकता (माइंडसेट) पर निर्भर करता है।

एक आध्यात्मिक आंदोलन भी हुआ है। उस आंदोलन के संस्थापक, प्रह्लाद प्रभुपाद, 69 वर्ष की उम्र में अमेरिका गए। इससे पहले उन्होंने कभी कहीं यात्रा नहीं की थी, लेकिन उसके बाद, अगले 12 वर्षों में उन्होंने दुनिया के विभिन्न देशों की यात्रा की। जाने से पहले उनके पास केवल 2 या 3 शिष्य थे, लेकिन अगले 4 से 12 वर्षों में उनके 4000 से अधिक शिष्य हो गए। जाने से पहले उन्होंने केवल 2 पुस्तकें लिखी थीं, लेकिन उसके बाद, अगले 12 वर्षों में उन्होंने

60 से अधिक पुस्तकें लिखीं इसलिए सीखना लगातार चलता रहना चाहिए।

सीखना कभी रुकना नहीं चाहिए और उत्साह, जोश और उमंग हमेशा बने रहने चाहिए, इसके लिए हमें नियमित रूप से प्रेरणा (मोटिवेशन) की आवश्यकता होती है, ताकि वह ऊर्जा, वह जीवंतता और वह सक्रियता कभी कम न हो। इसीलिए आज हम आध्यात्मिक प्रेरणा के कुछ और तरीके (मोटिवेशनल हैक्स) देखेंगे क्योंकि हर दिन हमें कुछ नया चाहिए, जो हमें दिव्यता के साथ जोड़े रखे, नहीं तो यह दुनिया हमें नीचे खींच लेती है। यह माया की दुनिया है। हमारा मन अक्सर भ्रमित हो जाता है, हमें धोखा मिलता है।

1. ऊर्जा सुरक्षा कवच (एनर्जी प्रोटेक्शन शील्ड)

हम बिना सुरक्षा के आगे बढ़ते हैं और यही समस्या है। जब कोई तनावपूर्ण स्थिति हो, जैसे कोई कठिन मीटिंग या चुनौतीपूर्ण परिस्थिति और आप बिना किसी ऊर्जा कवच के उसमें जाते हैं तो आप कमजोर (वल्नरेबल) हो जाते हैं। आप आहत हो जाते हैं, दुखी हो जाते हैं, परेशान हो जाते हैं। इसलिए एक विशेष सुरक्षा कवच, एक विशेष अस्त्र, एक विशेष आर्मर, एक प्रकाश का घेरा - हमारे चारों ओर होना चाहिए।

जब भी हम किसी कठिन परिस्थिति में जाएँ या नकारात्मक लोगों के समूह में जाएँ, यदि हम बिना सुरक्षा के जाते हैं तो नकारात्मकता भीतर प्रवेश कर सकती है और हमें चोट पहुँचा सकती है इसलिए अपनी ऊर्जा की रक्षा करें। यह बहुत महत्वपूर्ण है। जैसे ही आपको लगे कि आप किसी तनावपूर्ण या कठिन परिस्थिति जैसे - चुनौतीपूर्ण मीटिंग (हार्ड मीटिंग) में प्रवेश करने वाले हैं तो हमेशा कल्पना करें कि आपने एक विशेष पोशाक पहनी हुई है, एक ऊर्जा की पोशाक। यह आपको सुरक्षित रखेगी।

आध्यात्मिकता का पूरा सार यही है कि हम अपनी ऊर्जा की रक्षा करें। यदि ऊर्जा का रिसाव होता है, यदि हमारी भावनाएँ असुरक्षित रहती हैं, तो हम अनजाने में ही फँस जाते हैं। हम खुद को खो देते हैं इसलिए एक काल्पनिक ऊर्जा कवच बनाइए।

मान लीजिए आपको यात्रा करनी है। उदाहरण के लिए, आप शहर के भीड़-भाड़ वाले क्षेत्र में जा रहे हैं, जहाँ बहुत भीड़ है, लोग हैं, विज्ञापन हैं, शोर है, चहल-पहल है। वहाँ दुनियावी,

भौतिक और साधारण (मंडेन) प्रकार की तरंगें बहुत अधिक होती हैं। अगर आप यह ऊर्जा कवच नहीं पहनते तो यह वैसा ही है जैसे बिना जैकेट के ठंड में निकलना, यह एक रेनकोट की तरह है, एक छाते की तरह है, एक कवच की तरह है।

जैसे हम अलग-अलग अवसरों के लिए अलग-अलग कपड़े पहनते हैं, वैसे ही हमें भी विशेष परिस्थितियों के लिए विशेष "ऊर्जा का वस्त्र" तैयार करना चाहिए। लोग शादी में अलग कपड़े पहनते हैं, पिकनिक के लिए अलग, सोने के लिए अलग, स्कूल के लिए अलग, ऑफिस के लिए अलग। जब आप किसी शोक सभा में जाते हैं तो क्या आप चमकीली टोपी पहनकर जाते हैं? नहीं, वहाँ के लिए भी एक उपयुक्त पहनावा होता है। इसी तरह कठिन परिस्थितियों, चुनौतीपूर्ण स्थितियों और तनावपूर्ण क्षणों के लिए एक विशेष "ऊर्जा का वस्त्र" तैयार करें। यह आपकी ऊर्जा की रक्षा करेगा। यह एक चौकीदार की तरह काम करेगा, एक सुरक्षा कवच की तरह आपकी रक्षा करेगा।

2. शून्य अपेक्षा अभ्यास (जीरो एक्सपेक्टेशन प्रैक्टिस)

हम प्यार करते हैं, लेकिन बदले में प्यार की अपेक्षा रखते हैं। हम देते हैं, लेकिन बदले में कुछ पाना चाहते हैं। हम मदद करते हैं, लेकिन बदले में मदद की उम्मीद रखते हैं और जब लोग हमारी अपेक्षाओं पर खरे नहीं उतरते तो हम निराश, दुखी और परेशान हो जाते हैं। तब हमारे मन में कई तरह के सवाल उठने लगते हैं। "यह मेरे साथ ही क्यों हुआ? उन्होंने जवाब क्यों नहीं दिया? वे ऐसा क्यों करते हैं?" यह 'क्यों' ही अशांति के द्वार खोल देता है।

इस संसार में बस आगे बढ़ते रहिए। आप यहाँ देने के लिए हैं। मुझे किसी से कुछ नहीं चाहिए। किसी से कुछ अपेक्षा नहीं रखनी है। आप बात करें, लेकिन बदले में प्रशंसा, सराहना या मान्यता की उम्मीद न रखें क्योंकि हम जो भी कर रहे हैं, वह इन इंसानों को खुश करने के लिए नहीं कर रहे हैं। हम यह सब परमात्मा, उस सर्वोच्च शक्ति को प्रसन्न करने के लिए कर रहे हैं या अपने स्वयं के आत्मिक विकास के लिए कर रहे हैं।

यदि आप केवल किसी को ऊपर-ऊपर से खुश करने के लिए कुछ करते हैं तो उसका परिणाम अंततः दुख ही होगा इसलिए **शून्य अपेक्षा** का लक्ष्य रखें। घर में काम करें, सेवा करें,

लेकिन बदले में कुछ भी अपेक्षा न रखें। **प्रेम, प्रेम के लिए; सेवा, सेवा के लिए** - यही "निष्काम" भाव है, जिसका उल्लेख बाबा करते हैं।

3. एक विचार अभ्यास (वन थॉट प्रैक्टिस)

हमारा मन एक विचार से दूसरे विचार की ओर भटकता रहता है। यह अभ्यास बहुत उपयोगी है। कोई एक विचार ले लीजिए **"मैं एक पवित्र आत्मा हूँ।"** और इस विचार को अपने भीतर गहराई तक उतरने दें। केवल एक सेकंड या एक मिनट के लिए नहीं, बल्कि लंबे समय तक उसी एक विचार के साथ बने रहें। सिर्फ एक ही विचार। तब आपका मन एक आध्यात्मिक लेज़र की तरह बन जाएगा, जो सच्चाइयों को गहराई तक भेद सकेगा; आध्यात्मिक सच्चाइयों को।

सत्य इतना सस्ता नहीं है कि वह आपको मीडिया में मिल जाए। सत्य एक यात्रा है, एक खोज है। सत्य एक लंबी आध्यात्मिक यात्रा (ओडिसी) है, कोई छोटी सैर नहीं। यह एक संघर्ष है। सत्य को पाना मानो पहाड़ पर चढ़ने जैसा है, यह एक कठिन चढ़ाई है और इसके लिए जुनून चाहिए। एक लगन, एक तल्लीनता, पूरी तरह डूब जाना, पूर्ण समर्पण। एक अडिग (अनकॉम्प्रोमाइजिंग) समर्पण, एक दृढ़ प्रतिबद्धता; जीवन के सत्य को जानने के लिए, अपने स्वयं के अस्तित्व का सत्य जानने के लिए - मैं कौन हूँ और यहाँ क्यों हूँ? ये सब क्यों हो रहा है?

एक विचार लें। उस विचार का मंथन करें। उस विचार के विभिन्न पहलुओं को समझें, उसके अलग-अलग प्रभावों को देखें, उसके परिणामों को अनुभव करें। सोचिए। मंथन कीजिए। गहराई से विचार कीजिए। चिंतन करें, लिखें, विस्तार करें। तब एक नई समझ, एक नई जागरूकता आपके भीतर उतरने लगेगी इसलिए तीसरा अभ्यास है - **एक विचार को लेना और उसमें लंबे समय तक तल्लीन रहना।**

एक ही विचार - "मैं एक पवित्र आत्मा हूँ।" अब इस विचार पर कम से कम एक घंटे तक चिंतन करें। यह ज़रूरी नहीं कि आप एक ही स्थान पर बैठें। आप चलते हुए भी यह कर सकते हैं, टहलते हुए भी। बस एक विचार लें और उसे अपने अवचेतन मन की गहराइयों तक उतरने दें।

उस एक विचार का इतना मंथन करें कि वह एक **आध्यात्मिक शक्ति**, एक **ऊर्जा का स्रोत**, एक **आंतरिक विस्फोट (स्पिरिचुअल बॉम्ब)** बन जाए। तब एक नई अनुभूति, एक नई शक्ति, एक नई समझ अपने आप प्रकट होगी, केवल उसी एक विचार के माध्यम से। इस प्रकार तीसरा अभ्यास है - **एक विचार अभ्यास।**

4. कर्म में रहते हुए भी अलगाव (डिटैचमेंट इन एक्शन)

समस्या सेवा, कर्तव्य या कर्म में नहीं है। यह कर्मों की बात नहीं है, बल्कि उन कर्मों के प्रति हमारे लगाव की बात है। हम कुछ करते हैं और उससे जुड़ जाते हैं। **कर्म करो और तुरंत उससे अलग हो जाओ। न कोई व्याख्या, न कोई दिखावा। "मैंने यह किया, मैंने वह किया, मैं यह कर रहा हूँ..." - यही लगाव है।** हम कुछ करते हैं और उससे चिपक जाते हैं।

जबकि सबसे सुंदर उदाहरण है **कमल का फूल** - जो पानी में रहकर भी उससे अछूता रहता है। वैसे ही हमें भी कर्म करना है, लेकिन उनसे अछूते रहना है। आपने कोई भाषण दिया, बस बाहर आएँ और भूल जाएँ कि आपने क्या कहा। आपने कोई सेवा की, बाहर आएँ और भूल जाएँ कि आपने क्या किया। आपने कल कुछ किया - उसे भूल जाएँ। कल बीत चुका है, वह समाप्त हो चुका है।

आज एक नया दिन है, आज एक नई सुबह है, आज एक नया अमृतवेला है, नई सोच, नई ऊर्जा, नई इच्छाएँ, नया अभ्यास, नया प्रयोग, नया सूर्योदय, नया आकाश, नई हवा, नई ताज़गी। पक्षियों की नई चहचहाहट, नए पेड़ - सब कुछ कितना ताज़ा है। सारा अस्तित्व ताज़गी से भरा हुआ है। फिर भी हम क्यों जुड़े रहते हैं (आसक्त रहते हैं)?

एक योगी सदा निर्लिप्त रहता है। वैराग्य (डिटैचमेंट) एक योगी का सबसे बड़ा आभूषण है। वह किसी से चिपकता नहीं है। वह कोई भावनात्मक बोझ नहीं उठाता। न कोई भावनात्मक बोझ (लगेज), न ही अतीत का भार और यह तभी संभव है जब आप इस वर्तमान क्षण में जीना शुरू करते हैं। यही वर्तमान क्षण सत्य है। इसी क्षण में अनंतता छिपी हुई है। इस एक सेकंड में पूरे 5000 वर्षों का महाकाव्य समाया हुआ है। इसी क्षण में 84 जन्मों की पूरी कहानी छिपी हुई है। सारे जन्म इसी एक जन्म में हैं, सारे वर्ष इसी एक सेकंड

में समाए हुए हैं। पूरी अनंतता इसी एक क्षण में निहित है। इसलिए इस वर्तमान में जीना ही वास्तविक जीवन है।

कल की मुरली में बाबा ने भी कहा था - **एक सेकंड का मूल्य अत्यंत महान है। दो सेकंड, दो वर्षों के बराबर हैं। समय ही हमारी मुद्रा (करेंसी) है।**

5. बिना प्रतिरोध का नियम (नो रेजिस्टेंस रूल)

मान लीजिए एक नदी बह रही है और उस पर एक पत्ता गिरता है। यदि वह पत्ता धारा के विपरीत जाने की कोशिश करेगा तो क्या होगा? प्रतिरोध पैदा होगा लेकिन यदि वह धारा के साथ बहता है तो वह सहजता से आगे बढ़ जाएगा। जैसे ही आप परिस्थितियों, लोगों या घटनाओं का विरोध करने लगते हैं, भीतर अशांति उत्पन्न हो जाती है इसलिए जीवन में आगे बढ़ें और चीज़ों को जैसे हैं वैसे स्वीकार करें। यह ज़रूरी नहीं कि हर चीज़ आपकी इच्छा या योजना के अनुसार ही हो।

कई बार परिस्थितियाँ आपकी इच्छा, आपके नियंत्रण और आपकी योजना के विरुद्ध जाएँगी। ऐसी स्थिति में सबसे अच्छा उपाय है - तुरंत स्वीकार करना और उसके साथ बहना, बिना किसी प्रतिरोध के। जितना अधिक आप विरोध करेंगे, उतना ही अधिक संघर्ष होगा। जितना अधिक आप विरोध करेंगे, उतना ही मन भटकेगा, परेशान होगा और अंत में, आप केवल पछतावे (पेनिटेंट) में रह जाएँगे और यही एक दुखद (पैथेटिक) स्थिति बन जाती है इसलिए विरोध मत करें।

चीज़ों को आने दें, जाने दें। लोग आ रहे हैं, लोग जा रहे हैं। हमें किसी को पकड़कर क्यों रखना है? यदि आप किसी से कहेंगे कि "तुम हमेशा मेरे साथ रहो" तो वह जाने की ही कोशिश करेगा और फिर आप दुखी हो जाएँगे इसलिए आगे बढ़ते रहें, बहते रहें। जीवन एक प्रवाह है, निरंतर बहता हुआ और इसी में आनंद है।

तो ये पाँच बातें हैं :-

⊙ **ऊर्जा सुरक्षा कवच** - जब भी आप किसी तनावपूर्ण स्थिति में जाएँ तो एक नया "ऊर्जा

का वस्त्र" पहनें; एक सुरक्षा कवच। यह आपकी ऊर्जा की रक्षा करेगा।

- **शून्य अपेक्षा** - इस दुनिया में रहें, लेकिन किसी से कुछ भी अपेक्षा न रखें। लोग यहाँ आपकी इच्छाओं, उम्मीदों और सपनों को पूरा करने के लिए नहीं हैं, बल्कि कई बार वे आपकी उम्मीदों को पूरी तरह तोड़ भी सकते हैं। मैं यहाँ किस लिए हूँ? यह एक नाटक है, एक ड्रामा है। मैं यहाँ आनंद के लिए हूँ इसलिए अपेक्षाएँ छोड़ दीजिए।

- **एक विचार** - यह एक बहुत अच्छा प्रयोग है। मुरली से या किसी भी क्लास से एक विचार लें। उसे देखें, उसके बारे में सोचें, उसका मंथन करें। एक घंटे की वॉक पर टहलने जाएँ और सिर्फ एक ही विचार रखें। मन इधर-उधर भटकेगा, लेकिन उसे बार-बार उसी विचार पर वापस लाएँ। फिर उस चमत्कार को देखें जो भीतर घटित होता है।

- **वैराग्य (डिटैचमेंट)** - शास्त्रों में, विशेषकर हिन्दू शास्त्रों में, "वैराग्य" के लिए केवल "डिटैचमेंट" शब्द नहीं प्रयोग होता। वहाँ एक विशेष शब्द इस्तेमाल होता है **"नॉन-अटैचमेंट"** अर्थात् अनासक्ति यानि कर्म करते हुए भी भीतर से जुड़ाव न हो, यही सच्चा वैराग्य है। फोकस **नॉन-अटैचमेंट** पर है। जैसे अहिंसा **(नॉन-वायलेंस)** होती है, वैसे ही यह **नॉन-अटैचमेंट** है, किसी चीज़ से जुड़ना नहीं।

  आश्रम में एक संन्यासी ने गुरु से पूछा, "गुरुदेव, क्या मैं ईमेल का उपयोग कर सकता हूँ?" गुरु ने कहा, "हाँ, कर सकते हो... लेकिन बिना अटैचमेंट के।" अर्थात् मेल भेजो, लेकिन उससे जुड़े मत रहो। **अटैचमेंट (लगाव)** बाँध देता है। अटैचमेंट आध्यात्मिक उन्नति के पंख काट देता है।

- **विरोध मत करो** - लोग आएँगे, लोग जाएँगे। हम नहीं चाहते कि वे आएँ, फिर भी वे आएँगे। हम नहीं चाहते कि कोई विशेष व्यक्ति हमारे पास रहे, फिर भी वह हमारे पीछे आ सकता है **इसलिए विरोध मत करें**।

तो ये हैं पाँच बातें; कोई ज़बरदस्ती नहीं, बल्कि सहज आध्यात्मिक अभ्यास - ध्यान और चेतना को ऊँचा उठाने के सरल उपाय।

DAY 7

एक गुरु प्रसन्न मनःस्थिति में थे। उनके विस्तृत (खुले और आनंदपूर्ण) भावों को देखकर शिष्यों ने उनसे पूछा- "हमें बताइए, आप जीवन की इस खुशी की अवस्था तक कैसे पहुँचे? आपने किन-किन पड़ावों को पार किया?" गुरु ने कहा - "सबसे पहले, भगवान मुझे **दुःख की दुनिया** में ले गए। वहाँ मैंने कुछ वर्ष बिताए। फिर भगवान मुझे **कर्मों की दुनिया** में ले गए, वहाँ मैंने बहुत कुछ सीखा। फिर भगवान मुझे **प्रेम की दुनिया** में ले गए, वहाँ मैंने जीवन के रहस्य और गूढ़ बातें सीखी। फिर भगवान मुझे **मौन की दुनिया** में ले गए और उस मौन में मैं स्वयं से मिला।" शिष्यों ने पूछा - "क्या यही अंत है? क्या यही अंतिम पड़ाव है?" गुरु ने कुछ क्षण सोचा और कहा - "नहीं। अंत में भगवान स्वयं आए और मुझे अपने मंदिर में ले गए, अपने हृदय में प्रवेश कराया और वह थी हँसी की दुनिया - वही अंतिम पड़ाव था।"

हँसी की दुनिया क्योंकि जब हम हँसते हैं तो हमारे भीतर कोई क्रोध नहीं होता और जब हम हँसते हैं, तो हमारे भीतर कोई द्वेष (रिज़ेन्टमेंट) नहीं रहता और जब हम हँसते हैं, तो हमारे भीतर न ईर्ष्या होती है, न अहंकार। हँसी आनंद की पूर्ण अभिव्यक्ति है। हँसी एक दिव्य आश्रय है, जहाँ नकारात्मकता और पापपूर्ण शक्तियाँ प्रवेश करने की हिम्मत नहीं कर सकतीं इसलिए हँसी वह दिव्य मार्ग है, जो हमें भगवान के राज्य तक ले जाता है। जो भी हमारी हँसी को नष्ट करता है, वह एक बाधा है।

1. कोई शिकायत नहीं

शिकायत हमारे भीतर की असंतुष्टि की अभिव्यक्ति है। यह अंदर की असंतुलन को दर्शाती है। यह हमारे भीतर की नकारात्मकता को प्रकट करती है। यह किसी व्यक्ति या परिस्थिति के प्रति हमारे विरोध को दिखाती है। यह हमें एक झूठा अहसास देती है कि हम स्थिति को नियंत्रित कर रहे हैं, जबकि वास्तव में यह हमारी ऊर्जा का पूर्ण नाश है।

जब हम शिकायत करते हैं तो हम विरोध, छिपे हुए क्रोध और आंतरिक असंतोष से भरे होते हैं इसलिए शिकायत को छोड़ दें। जब स्वीकृति आती है तो हम सहज रूप से बहने लगते हैं, आगे बढ़ते हैं। तब हमें समझ आता है कि शिकायत करना कितना व्यर्थ है। यह

संसार का नाटक बिल्कुल परिपूर्ण है। फिर भी हम उस सिद्धांत के विरुद्ध विद्रोह करते हैं, जो परम सद्गुरु ने हमें दिया है। उस परम शिक्षक ने कहा है, यह उनका आदेश है, उनका श्रीमत, उनका दर्शन और उनका संदेश है कि "यह नाटक पूरी तरह से परफेक्ट है।"

हर एक अभिनेता को एक भूमिका दी गई है और वह उस भूमिका को पूरी तरह निभा रहा है तो फिर शिकायत करने का क्या स्थान है और किससे शिकायत करें? लेकिन हम एक **शिकायत बॉक्स** बन जाते हैं। हम अतीत से शिकायत करते हैं, लोगों से शिकायत करते हैं और यही हमें गहरी चिंता, असंतोष और दुख की स्थिति में बनाए रखता है।

यदि व्यक्ति के भीतर असंतोष भरा है तो वह चाहे जितना छिपाने की कोशिश करे, वह शिकायत किसी न किसी रूप में बाहर आ ही जाती है इसलिए **हँसी की दुनिया, खुशी की दुनिया, मुस्कान की दुनिया** - इन सबके लिए एक आवश्यक शर्त है: **सभी शिकायतों को समाप्त कर देना** क्योंकि ये शिकायतें आपके दिव्य उद्देश्य को पूरा नहीं करतीं। इनके स्वभाव को समझिए ये हमेशा बनी रहती हैं और आपको नीचे खींचती रहती हैं और ये शिकायतें किसी परिस्थिति या व्यक्ति से जुड़ी नहीं होतीं। यदि आप सोचते हैं कि परिस्थिति ठीक नहीं है तो भले ही वह परिस्थिति बदल जाए, फिर भी शिकायत बनी रहती है क्योंकि शिकायत करने की आदत धीरे-धीरे एक लत बन जाती है।

2. एक कार्य में जागरूकता

जब हम एक ही कार्य पर ध्यान केंद्रित करते हैं, तो हमारा मन बिखरता नहीं है लेकिन जब हम एक साथ कई काम करते हैं तो मन बँट जाता है और बँटा हुआ मन ध्यान नहीं कर सकता। खंडित (फ्रैगमेंटेड) बुद्धि एकाग्र नहीं हो सकती। **ध्यान का अर्थ ही है एक बिंदु पर केंद्रित होना, एक विचार, एक भावना, एक विचारधारा पर स्थिर होना।** इसलिए यह आदत बनाइए - जब खाएँ तो सिर्फ खाएँ। जब चलें, तो सिर्फ चलें। तब चलना भी ध्यान बन जाएगा, खाना भी साधना बन जाएगा और पानी पीना भी एक प्रार्थना बन जाएगा।

जब आप सुनें तो सिर्फ सुनें ताकि सुनना एक **परिवर्तन** बन जाए। जब आप लिखें तो सिर्फ लिखें - धीरे-धीरे, शांति से ताकि लिखना ही ध्यान बन जाए। इस प्रकार **एक कार्य में**

जागरूकता (सिंगल टास्क अवेयरनेस) विकसित करें। यह मल्टीटास्किंग की दुनिया है, जहाँ हर किसी को कई काम करने होते हैं। फिर भी यह सुंदर आदत विकसित करें कि एक समय में एक ही कार्य पर पूरा ध्यान दें। तब हर कार्य सुंदर और सहज बन जाएगा।

3. प्रकृति से जुड़ाव

प्रकृति निष्कलंक है, उसमें कोई नकारात्मकता नहीं होती। इन पेड़ों को देखिए, हवा को महसूस कीजिए, आकाश को निहारिए। **प्रकृति में न ईर्ष्या है, न प्रतिस्पर्धा। प्रकृति में न तर्क-वितर्क है, न बहस। प्रकृति विकारों से मुक्त है, पूरी तरह पवित्र है इसलिए जब आप प्रकृति से जुड़ते हैं तो उसकी पवित्रता आपके भीतर बहने लगती है।** जब भी आप प्रकृति में जाकर बैठते हैं और उसकी विशालता पर चिंतन करते हैं तो आपको अपने अहंकार की निरर्थकता का एहसास होता है।

प्रकृति में कोई अहंकार नहीं होता। प्रकृति थकती नहीं है। प्रकृति सुंदर है। जब आप प्रकृति में बैठते हैं तो सुंदरता, सुंदरता को आकर्षित करती है। प्रकृति पवित्र है और पवित्रता, पवित्रता को आकर्षित करती है। प्रकृति शांत है और जब आप प्रकृति में बैठते हैं तो वही शांति आपके व्यक्तित्व में उतरने लगती है। प्रकृति रहस्यों का एक विशाल पुस्तकालय है। यह पूरे ब्रह्मांड की लाइब्रेरी है। आप वहाँ बैठते हैं और इस ब्रह्मांड के रहस्य और ज्ञान को अपने भीतर अनुभव करते हैं इसलिए प्रकृति से जुड़ें।

नंगे पाँव चलें। सूर्योदय और सूर्यास्त को देखें, सूर्य को निहारें, चाँद को देखें, तारों को देखें, पेड़ों को देखें, उन्हें गले लगाएँ। पत्तों को स्पर्श करें, फूलों को देखें, लिली को देखें। **वे सब वर्तमान क्षण में जीते हैं।** उन्हें कोई चिंता नहीं, कोई तनाव नहीं। बादलों को देखें, वे कितनी तेजी से बहते हैं। पक्षियों को सुनें - वे गाते हैं। उन्हें किसी प्रतियोगिता में भाग नहीं लेना है। **उन्हें कोई ट्रॉफी नहीं चाहिए, कोई पुरस्कार नहीं चाहिए। वे इस बात की चिंता नहीं करते कि कम अंक मिले या अधिक, पास हुए या फेल।** वे बस गाते हैं। वे कोई गायन कक्षा नहीं लेते - वे बस गाते हैं। वे बस चलते हैं, उड़ते हैं - कोई उड़ने की कक्षा नहीं लेते। वे सहज रूप से उड़ते हैं। अगर वे बीमार भी पड़ते हैं, तो उन्हें खुद को ठीक करना आता है इसलिए जब आप **प्रकृति से जुड़ते हैं**

तो प्रकृति सबसे बड़ी, सबसे महान और सर्वोच्च चिकित्सक है।

प्रकृति एक सुपरमार्केट की तरह है - एक दिव्य भंडार, जहाँ आनंद, खुशी, प्रेम और पवित्रता भरी हुई है। आप वहाँ जाकर बैठिए - वहाँ कोई व्यापार नहीं है। प्रकृति में कोई लेन-देन नहीं, कोई व्यवसाय नहीं। वह पूरी तरह निष्काम और अछूती है और जब आप प्रकृति से जुड़ते हैं तो आप अपने स्वभाव से जुड़ते हैं। प्रकृति आपको आपके असली स्वरूप की ओर ले जाती है इसलिए यह जुड़ाव आपको परमपिता से जोड़ने में बहुत सहायक है। प्रकृति से जुड़ाव अलौकिक अनुभूतियाँ प्रदान करता है।

4. संबंधों में हल्कापन (लाइटनेस इन रिलेशनशिप्स)

हम किसी को अपना बनाना चाहते हैं, उसे नियंत्रित करना चाहते हैं, उस पर अधिकार जमाना चाहते हैं और फिर दुख की शुरुआत होती है। संबंधों में कोई भी **लगाव** अशांति, दुख और दिल टूटने का कारण बनता है लेकिन संबंधों में **न्यूट्रैलिटी (तटस्थता)** हल्कापन लाती है। प्रेम हो लेकिन ऐसा प्रेम जो पकड़कर न रखे। ऐसा प्रेम जो किसी को नियंत्रित न करे।

सच्चा प्रेम स्थान देता है।

सच्चा प्रेम स्वतंत्रता है।

सच्चा प्रेम आपको हल्केपन के आकाश में उड़ने की अनुमति देता है।

5. तुरंत छोड़ देना (लेट गो इंस्टेंटली)

जितना आप अतीत को पकड़े रखते हैं, उतना ही आप वर्तमान में नहीं जी पाते। हर व्यक्ति अपने अतीत के दुख, तकलीफ, घटनाएँ और परिस्थितियों का बोझ उठाए हुए है और यही बोझ उसे वर्तमान में जीने नहीं देता। वह केवल यहाँ नहीं है - वह अतीत में जी रहा है इसलिए छोड़ दीजिए, जाने दीजिए।

जितना आप किसी व्यक्ति या चीज़ को कसकर पकड़ेंगे, उतना ही आपके हाथ में दर्द और लालिमा (रेडनेस) होगी इसलिए छोड़ दें, उन्हें सांस लेने दें। कई लोग अत्यधिक देखभाल (ओवर केयरिंग) करते हैं। माता-पिता अक्सर अपने बच्चों के प्रति बहुत अधिक चिंता और देखभाल करते हैं। इसी कारण बच्चे कभी-कभी अपने माता-पिता के आसपास चिड़चिड़ापन

महसूस करने लगते हैं। वे हर समय कहते रहते हैं - यह करो, वह करो, यह करो, वह करो और इससे सामने वाला व्यक्ति परेशान, चिड़चिड़ा और दबाव महसूस करता है। वह इससे छुटकारा पाना चाहता है इसलिए माता-पिता का यह अत्यधिक देखभाल (ओवर केयरिंग) और अधिक लाड़-प्यार (ओवर पैम्परिंग) कभी-कभी अंदरूनी विरोध या दूरी का कारण बन जाता है इसलिए अतीत को छोड़ दें। संबंधों में हल्कापन रखें।

प्रकृति से जुड़ें। एक लंबी सैर पर जाएँ और बस देखें, चींटियों को देखें, वे कैसे चलती हैं। मच्छरों को देखें।

गिलहरी, कुत्ता, बिल्ली - इन सबको देखें। ये सब आपको बहुत कुछ सिखाते हैं। किसी ने पूछा - क्या इन जानवरों का भी अपना कोई परमधाम होता है? वे कितने जन्म लेते हैं? एक शेर कितने जन्म लेता है? क्या शेर की आत्मा बकरी के शरीर में प्रवेश कर सकती है? या शेरों की अलग दुनिया होती है, बकरियों की अलग दुनिया? और वे कितने जन्मों का चक्र पूरा करते हैं?

जैसे मानव आत्मा सतोगुणी (सतोप्रधान) होती है, वैसे ही पशु आत्माएँ भी प्रारंभ में सतोप्रधान थीं लेकिन द्वापर युग से यानी कॉपर एज से, ये पशु भी हिंसक होने लगे। प्रकृति अशुद्ध हो गई और पशु भी हिंसक बन गए। सतयुग में प्रकृति पवित्र थी और पशु अहिंसक थे लेकिन द्वापर युग से पशु हिंसक हो गए और प्रकृति अशुद्ध हो गई। कहा जाता है कि शेर की शारीरिक बनावट मांसाहारी होती है लेकिन वास्तव में उनके शरीर में भी समय के साथ **शारीरिक, संरचनात्मक और रासायनिक** परिवर्तन और गिरावट आई होगी इसी कारण वे ऐसे बन गए।

द्वापर युग से मनुष्य ने शिकार करना शुरू किया और इसी कारण पशु भी हिंसक होने लगे अन्यथा बाबा कहते हैं कि सतयुग में शेर और बकरी एक ही तालाब से पानी पीते थे। इस प्रकार पशुओं का यह विकास (इवोल्यूशन) भी एक गहरा चिंतन का विषय है लेकिन यदि आप बाबा से पूछें तो वे कहते हैं - "मुझे याद करो, बाकी सब भूल जाओ।"

आपको पशु जगत के बारे में चिंता करने की आवश्यकता नहीं है कि उनका परमपिता

कौन है, वे कैसे चलते हैं, उनका क्या होगा, या उनका कल्याण कैसे होगा। एक ओर पशु जगत और प्रकृति है और दूसरी ओर मनुष्य दोनों ही उसी परम सत्ता पर निर्भर हैं।

जब मनुष्य पतित होता है तो वे (प्रकृति और पशु) भी पतित होते हैं और जब मनुष्य उन्नत होता है तो वे भी उन्नत होते हैं। जब मनुष्य 100% अहिंसक बन जाएगा तो शेर भी अपने आप 100% अहिंसक हो जाएगा। इसलिए आपको इसकी चिंता करने की आवश्यकता नहीं है। प्रकृति से जुड़ें और आप उसके अनेक रहस्यों को जान पाएँगे यहाँ तक कि यह भी समझ पाएँगे कि इन पशुओं का परमधाम कहाँ है।

एक समय में एक कार्य करें; यदि आप बैठे हैं तो सिर्फ सुनें। यदि आप लिख रहे हैं तो सिर्फ लिखें। यदि आप खा रहे हैं तो सिर्फ खाएँ। बिना मोबाइल के खाना; सबसे बड़ी साधना है और सबसे पहला नियम है, **कोई शिकायत नहीं**, शिकायतों को छोड़ दीजिए।

Notes :

DAY 8

प्रजाहाति यदा कामान् सर्वान् पार्थ मनोगतान् - यह गीता के दूसरे अध्याय का श्लोक है जो स्थितप्रज्ञ योगी की परिभाषा बताता है। जो मन में उत्पन्न होने वाली सभी कामनाओं का पूर्ण त्याग कर देता है, जो आत्मा में ही आत्मा द्वारा संतुष्ट रहता है, वही **स्थितप्रज्ञ** कहलाता है। ऐसा योगी स्वयं में संतुष्ट होता है, स्वयं द्वारा संतुष्ट होता है, और अडिग बना रहता है।

परिस्थितियाँ आती हैं और चली जाती हैं, पर वह अचल रहता है। कभी दुःख, कभी सुख; कभी सम्मान, कभी अपमान; लाभ या हानि; मिलन या वियोग; शीत या उष्ण; प्रिय या अप्रिय - ये सब उसके लिए गुजरते बादलों के समान होते हैं। परिस्थितियाँ आती हैं और चली जाती हैं, पर वह विचलित नहीं होता। ऐसा योगी **स्थितप्रज्ञ योगी** कहलाता है। वह आत्मा में स्थित रहता है, आत्मा द्वारा संतुष्ट रहता है, बाहरी परिस्थितियाँ उसे स्पर्श नहीं कर पातीं। वह अपनी आंतरिक जागरूकता में स्थिर रहता है। जिसने सभी इच्छाएँ, आसक्तियाँ, चिपकाव और तृष्णाएँ छोड़ दी हों, वह समत्व की अवस्था में स्थित रहता है। उसका मन अविचलित रहता है। परिस्थितियों की आँधियाँ आती हैं, पर भीतर मौन बना रहता है।

एक राज्यपाल था जो अपने कार्यों में अत्यंत व्यस्त रहता था। एक बार वह एक महापुरुष के पास पहुँचा और बोला, “मेरे पास लंबे प्रवचन सुनने या आध्यात्मिक जीवन के लिए समय नहीं है। मुझे क्या करना चाहिए?” महापुरुष ने कहा, “बस एक बात करो।” राज्यपाल ने आग्रह किया, “मुझे ऐसा कुछ बताइए जो संपूर्ण आध्यात्मिक जीवन का सार हो।” महापुरुष ने कहा, “आध्यात्मिक जीवन का सार केवल एक शब्द है - मौन।” राज्यपाल ने पूछा, “मौन क्या है और इसे कैसे प्राप्त करें?” महापुरुष ने कहा, “मौन ध्यान से प्राप्त होता है।” राज्यपाल ने पूछा, “ध्यान क्या है?” महापुरुष बोले, “ध्यान ही मौन है।”

धर्म का सार ध्यान है। ध्यान कैसे प्राप्त हो? मौन से। मौन कैसे प्राप्त हो? ध्यान से और ध्यान क्या है? **ध्यान ही मौन है**। हमारा मन निरंतर अतीत या भविष्य में व्यस्त रहता है। अमृतवेला का ध्यान वह समय है जब आप अतीत और भविष्य को शांत कर स्वयं में लौटते हैं - मैं कौन हूँ? मेरा मूल स्वरूप क्या है? मेरा वास्तविक स्वभाव क्या है? जैसे ही आप स्वयं में लौटते

हैं, अतीत और भविष्य स्वतः विलीन हो जाते हैं।

1. स्वतः स्मृति की आदत (ऑटो रिमेम्ब्रेंस हैबिट)

हमारी समस्या अज्ञान नहीं, विस्मृति है। हम याद करते हैं, फिर भूल जाते हैं; उठते हैं, फिर गिरते हैं; और यह चक्र चलता रहता है। हम निरंतर सोचते रहते हैं और यह आदत बन जाती है। हम पूरे दिन ऑटो-पायलट मोड में रहते हैं - अचेतनता और असजगता की अवस्था में। तब स्मृति और योग कठिन प्रतीत होते हैं। इसे स्वाभाविक आदत कैसे बनाएं? पहले हम आदत बनाते हैं, फिर आदत हमें बनाती है। **एक श्रेष्ठ युक्ति है - स्मृति को क्रियाओं से जोड़ देना।** चलते समय स्मृति, खाते समय स्मृति, स्नान करते समय स्मृति, विभाग में प्रवेश करें तो दरवाजे को स्मृति से जोड़ें, अपनी सीट को स्मृति से जोड़ें, लिखते समय लेखन को स्मृति से जोड़ें। हर क्रिया को स्मृति से जोड़ें। तब स्मृति बोझ नहीं रहती, आनंद बन जाती है। वह कार्य नहीं रहती, आदत बन जाती है। फिर वह समय, स्थान या अवसर पर निर्भर नहीं रहती; वह स्वाभाविक हो जाती है।

2. कृतज्ञता परिवर्तन (ग्रैटिट्यूड शिफ्ट)

हमारा मन शिकायतों से भरा रहता है। वह दोष, त्रुटि और कमी ढूँढने में निपुण है, बस दृष्टिकोण बदल दीजिए। यदि कोई व्यक्ति नकारात्मक लगता है तो बैठकर उसका एक गुण सोचिए - चेतना बदल जाएगी। हर नकारात्मक घटना ने कुछ न कुछ सिखाया है। हर परिस्थिति, हर व्यक्ति, हर कठिनाई जीवन का शिक्षक रही है। उस समय वे कड़वी लगी होंगी, पर दीर्घकाल में वे वरदान सिद्ध हुईं। इसलिए जीवन में जो कुछ हुआ है, उसके प्रति कृतज्ञ बनिए। शिकायत-चेतना के स्थान पर कृतज्ञता-चेतना अपनाइए। जैसे ही यह होता है, बोझ उतर जाता है और भावनात्मक भार समाप्त हो जाता है।

3. पूर्णता की आदत (कम्प्लीशन हैबिट)

हम बहुत-सी चीजें अधूरी छोड़ देते हैं। अधूरे कार्यों का बोझ मन पर जमा होता रहता है। कुछ नया शुरू करने से पहले उन सभी अधूरे कार्यों की सूची बनाइए और उन्हें पूरा कीजिए। मन हमेशा नवीनता चाहता है, पर यह नवीनता की दौड़ खतरनाक हो सकती है - एक काम

शुरू, आधा छोड़ा; दूसरा शुरू, आधा छोड़ा; तीसरा शुरू, आधा छोड़ा। इससे अनावश्यक बोझ बनता है। पहले एक कार्य पूर्ण कीजिए, फिर दूसरा। **"बाद में करूँगा" आध्यात्मिक आलस्य है।** अधूरे कार्य पूरे कीजिए।

4. तत्काल मनोदशा परिवर्तन (इंस्टेंट मूड रीसेट)

कई बार लोग कहते हैं, "मेरा मूड खराब है, कुछ अच्छा नहीं लग रहा, किसी से बात नहीं करनी, बस सोना है।" यह क्षणिक भावना नहीं, बल्कि लंबे समय से बने मानसिक पैटर्न का परिणाम है। इससे बाहर आने के लिए मुद्रा बदलें, सीधे बैठें। श्वास बदलें, श्वास अभ्यास करें। स्थान बदलें, प्रकृति में जाएँ। चलें, दौड़ें। **दौड़ना अत्यंत शक्तिशाली आध्यात्मिक गतिविधि है।** दौड़ते समय एक अवस्था आती है जब देहभान कम हो जाता है।

प्रकृति के बीच दौड़ते हुए पक्षियों की आवाज़ सुनना, सूर्योदय-सूर्यास्त देखना, जीवन के गहरे सत्य प्रकट करता है। व्यायाम कीजिए, जिम जाइए, कविता लिखिए, प्रकृति में टहलें, किसी की सेवा करें, मूड बदल जाएगा। **आध्यात्मिकता केवल एकांत में बैठना नहीं; जीवन के हर क्षेत्र को आध्यात्मिक बनाना है।** आपका चलना ध्यान बने, खाना ध्यान बने, जिम ध्यान कक्ष बने, सड़कें स्वर्ग के द्वार बनें। सब कुछ आध्यात्मिक हो सकता है।

5. हल्के मन की कल्पना (लाइट माइंड विज़ुअलाइज़ेशन)

यह पलायन नहीं है। कल्पना कीजिए कि आपका मन गुब्बारे की तरह हल्का हो गया है और ऊपर उठ रहा है। वह उड़ रहा है.. और हल्का, और हल्का, और हल्का। सभी आसक्तियाँ, तनाव, भय, पछतावे, अपराधबोध सब छूटते जा रहे हैं। मन पत्ते की तरह उड़ रहा है, पक्षी की तरह उड़ रहा है, बादल की तरह उड़ रहा है। कल्पना वास्तविकता बनती है। यह अत्यंत शक्तिशाली तकनीक है। जब मन भारी लगे, स्वयं को उड़ता हुआ अनुभव कीजिए। या किसी ऊँचे स्थान पहाड़, टेकरी पर जाइए। ऊँचाई पर जाने से मनोदशा स्वतः ऊँची उठती है। इसलिए कुछ स्थूल कीजिए और फिर लौट आइए।

DAY 9

एक रब्बी (यहूदियों के धार्मिक गुरु) थे। यह देखा गया कि हर **सब्बाथ (प्रार्थना के दिन)** वे कहीं गायब हो जाते थे। लोगों को शक होने लगा - यह व्यक्ति उस दिन कहाँ जाता है? इसलिए उन्होंने एक जासूस रखा, ताकि वह पता लगाए। जाँच में पता चला कि वह रब्बी भेष बदलकर एक साधारण किसान बन जाता था और एक गरीब, निम्न वर्ग की महिला के घर जाता था। वहाँ वह उसका कमरा साफ करता, उसके लिए खाना बनाता और उसकी सेवा करता। जब जासूस से पूछा गया - "तुमने क्या देखा? वह रब्बी कहाँ जाता है? क्या वह स्वर्ग गया था?" जासूस ने कहा - "नहीं, वह तो **स्वर्ग से भी ऊँची जगह** पर गया था।" अर्थात् प्रार्थना के दिन वह रब्बी एक जरूरतमंद महिला की सेवा करने जाता था।

इससे यह शिक्षा मिलती है कि **धर्म केवल एक जगह बैठकर ध्यान करने का नाम नहीं है।** उसे कर्म में बदलना चाहिए और सबसे महान कर्म है **निस्वार्थ सेवा**, बिना किसी स्वार्थ के। यही इस आध्यात्मिक विश्वविद्यालय का चौथा विषय है; **सेवा**। यह केवल बोलने या भाषण देने तक सीमित नहीं है। यह **वाइब्रेशन्स (सकारात्मक ऊर्जा)** फैलाने के बारे में है। आप जो भी सोचते हैं, वही फैलता है। **हर विचार अपनी तरंगें लेकर चलता है। आप जहाँ बैठते हैं, वहीं से ये तरंगें फैलती हैं।** आपकी भावनाएँ और आपके इरादे भी फैलते हैं।

आज दुनिया अशांत है, बिखरी हुई है। पूरा विश्व टुकड़ों में बँटा हुआ है - मेरा देश, तुम्हारा देश। ऐसे में हम शांति की तरंगें कैसे फैलाएँ? यही सबसे बड़ी सेवा है और इसके लिए सबसे पहला कदम है; पहले स्वयं के मन को शांत बनाना। जब तक हम स्वयं शांत नहीं होंगे, तब तक हम शांति नहीं फैला सकते।

वास्तव में वही लोग जीते हैं, जो दूसरों के लिए जीते हैं। बाकि लोग तो जीवित होकर भी जैसे मृत समान हैं। हमारा जीवन सेवा के लिए है, विश्व कल्याण के लिए है। यदि हम केवल अपने स्वार्थ में डूबकर जीते हैं तो वह जीवन बहुत छोटा और दयनीय बन जाता है इसलिए सबसे महत्वपूर्ण बात है अपनी चेतना को ऊँचा उठाना, एक उच्च स्तर पर जीना, इसे ही कहते हैं - **उच्च तरंगों वाला जीवन**। जो भी चीज़ हमारी तरंगों को नीचे गिराती है, उसे त्याग देना

चाहिए। इसलिए आज हम फिर से चेतना को ऊँचा उठाने के पाँच सरल उपाय देखेंगे।

दिव्य समन्वय (डिवाइन अलाइनमेंट) के पाँच उपाय; यही जीवन की सुगंध है। लंबे समय तक हम देह-अभिमान में डूबे रहे हैं, मानो मिट्टी के दलदल में फँसे हों। अब समय है उस दलदल से निकलकर आत्म-अभिमान की ऊँची अवस्था तक पहुँचने का। यह यात्रा है - देह-अभिमान के सबसे निचले स्तर से आत्म-अभिमान के सर्वोच्च शिखर तक। जब हम ऊपर उठते हैं तो जो भी भारी है, बोझिल है, वह अपने आप छूटने लगता है।

1. सुबह का संकल्प (मॉर्निंग इंटेंशन सेटिंग)

सुबह का समय पूरे दिन की रूपरेखा बनाता है। हम सुबह क्या करते हैं, वही पूरे दिन को बनाता है। हम सुबह क्या सोचते हैं, वही पूरे दिन की दिशा तय करता है। इसलिए सुबह उठते ही एक संकल्प, एक लक्ष्य, एक आध्यात्मिक उद्देश्य तय करना बहुत आवश्यक है। यदि हम ऐसा नहीं करते तो पूरा दिन भटकाव में निकल जाता है। कहा जाता है - **"पहले एक घंटे का नियम"** सुबह के पहले एक घंटे में आप जो सोचते हैं, वही आपके पूरे दिन की दिशा और आपकी चेतना को निर्धारित करता है इसीलिए **अमृतवेला** का अत्यधिक महत्व है।

इस ब्राह्मण जीवन में केवल तीन बातें बहुत महत्वपूर्ण हैं। यदि आप इन तीनों पर ध्यान दे लें तो सब कुछ अपने आप ठीक हो जाएगा। अन्यथा यह ब्राह्मण जीवन केवल भटकावों की एक श्रृंखला बनकर रह जाएगा। यदि आपकी सुबह भ्रमित है तो आपका पूरा दिन भी भ्रम और उलझनों से भरा रहेगा। यदि आपकी सुबह स्पष्ट है तो पूरा दिन भी स्पष्ट और सहज होगा। दिन की शुरुआत के क्षण ही पूरे दिन के निर्माता होते हैं।

पहला है - अमृतवेला।

दूसरा - पवित्रता, ब्रह्मचर्य।

तीसरा - भोजन पर नियंत्रण।

यदि आप इन तीनों पर विजय पा लेते हैं, तो आपको और कुछ करने की आवश्यकता नहीं रहती। यदि आप लो वाइब्रेशनल (कम ऊर्जा स्तर) भोजन से उठकर हाई वाइब्रेशनल (उच्च ऊर्जा स्तर) भोजन की ओर बढ़ते हैं और यदि आप पूर्ण, अखंड और शुद्ध ब्रह्मचर्य की

अवस्था में पहुँच जाते है; अविच्छिन्न ब्रह्मचर्य (अनइंटरप्टेड ब्रह्मचर्य) और यदि आप अमृतवेला को भगवान के साथ एक शक्तिशाली दिव्य मिलन में बदल दें, तो सब कुछ बदल जाएगा। आप एक नए व्यक्ति बन जाएँगे; एक नई चेतना, एक उच्च अवस्था।

इसलिए **सुबह का संकल्प** बहुत महत्वपूर्ण है। उदाहरण के लिए, आप सुबह एक विचार लें - "मैं पूरे दिन शांत रहूँगा। मैं एक शांत आत्मा हूँ।" यह पहला विचार पूरे दिन पर गहरा प्रभाव डालता है क्योंकि दिन में बहुत उतार-चढ़ाव होते हैं, बहुत चुनौतियाँ होती हैं और कर्मों के हिसाब-किताब भी चलते हैं लेकिन चाहे कैसी भी परिस्थिति आए, यह एक विचार आपको बार-बार आपके केंद्र में ले आएगा - "मैं एक शांत आत्मा हूँ।" इसलिए सुबह संकल्प सेट करना बहुत आवश्यक है।

2. पवित्र ध्वनि में डूबना (सेक्रेड साउंड इमर्शन)

हर ध्वनि में कंपन होता है। ध्वनि में उपचार करने की शक्ति होती है। ध्वनि मन को शांत भी कर सकती है और यही ध्वनि मन को विचलित और परेशान भी कर सकती है। इसलिए हम पूरे दिन क्या सुनते हैं, यह बहुत महत्वपूर्ण है। हम कौन-सी ध्वनियाँ सुन रहे हैं? अभी आप पक्षियों की आवाज़ सुन रहे हैं - यह ध्वनि कितनी पवित्र और आनंद से भरी होती है।

हमें ध्यान देना चाहिए कि हमें कौन-सी ध्वनियाँ सुननी हैं। सबसे श्रेष्ठ ध्वनि है - **बिना शब्दों का संगीत**। मधुर संगीत या वाद्य संगीत - जिसमें केवल धुन हो, शब्द न हों क्योंकि शब्द कभी-कभी ध्यान भटका देते हैं। इसीलिए सलाह दी जाती है कि पढ़ते समय हल्का बैकग्राउंड म्यूज़िक चल सकता है, लेकिन वह **बिना शब्दों वाला होना चाहिए** या फिर प्रकृति का संगीत या फिर "**ॐ**" का उच्चारण - यह एक सार्वभौमिक ध्वनि है या पक्षियों की चहचहाहट, बांसुरी की धुन, वाद्य संगीत - यह सब प्रकृति का संगीत है। इन ध्वनियों में **उपचार करने की शक्ति** होती है। बहते हुए पानी की आवाज़, झरने की ध्वनि, पक्षियों की चहचहाहट - ये सब दिव्य ऊर्जा से भरी होती हैं। इसलिए कभी-कभी शांत बैठकर केवल इन वाद्य या प्राकृतिक ध्वनियों को सुनें - ऐसी ध्वनि, जिसमें कोई शब्द न हो।

ऐसी ध्वनि, जिसमें मनुष्य का कोई हस्तक्षेप न हो - वही सर्वोत्तम ध्वनि है। सबसे श्रेष्ठ

ध्वनि है **प्रकृति की ध्वनि** और सबसे श्रेष्ठ ध्वनि है **मौन की ध्वनि**। आप अभी अपनी आँखें बंद करें और 30 सेकंड के लिए पक्षियों की चहचहाहट सुनें। जब आप ऐसी ध्वनियाँ सुनते हैं तो आपका मन अपने आप शांत हो जाता है क्योंकि हर ध्वनि अपने साथ कंपन लेकर आती है। यदि आप तेज़, उग्र संगीत सुनते हैं तो वह मन में अशांति पैदा करता है। इसलिए सबसे अच्छा है - मधुर ध्वनि, ध्यान संगीत, वाद्य संगीत।

संगीत की कोई भाषा नहीं होती। यदि आप शब्द सुनना भी चाहते हैं तो ऐसी भाषा में सुनें जिसे आप नहीं जानते। जैसे - यदि आप हिंदी जानते हैं तो तेलुगु संगीत सुनें। यदि आप अंग्रेज़ी जानते हैं तो स्पैनिश संगीत सुनें। इससे आप बोर नहीं होंगे क्योंकि यदि आप एक ही गाना बार-बार सुनते हैं तो कुछ समय बाद वह आपको उबाऊ लगने लगता है और उसका प्रभाव कम हो जाता है, लेकिन यदि आप ऐसा संगीत सुनते हैं जिसके शब्द आपको समझ में नहीं आते तो आप उसे लंबे समय तक आनंद से सुन सकते हैं क्योंकि हमारे कान **अर्थ** नहीं, बल्कि मधुरता चाहते हैं और **मधुरता** का शब्दों से कोई संबंध नहीं होता। **संगीत प्रेम की भाषा है और प्रेम संगीत की भाषा है।** इसलिए मन को शांत करने के लिए यह एक बहुत अच्छा उपाय है - वाद्य संगीत **(इंस्ट्रुमेंटल म्यूज़िक)** सुनना।

आपको ऐसे बहुत से संगीत यूट्यूब आदि पर मिल जाएँगे - एक घंटे का सॉफ्ट म्यूज़िक, ध्यान संगीत। कुछ लोग तो इसे सोने के लिए भी इस्तेमाल करते हैं। यदि आप किसी सुपरमार्केट में जाएँ तो वहाँ भी हल्का, मधुर संगीत चलता रहता है - बिना शब्दों के। यह संगीत आपको न तो भटकाता है, न परेशान करता है क्योंकि जैसे ही शब्द आते हैं, हमारा मन जज करना शुरू कर देता है - "यह आवाज़ अच्छी है, यह नहीं... यह पुरुष है, यह महिला है..." इसलिए बेहतर है - **बिना शब्दों का संगीत**।

3. प्राथमिकता स्पष्टता नियम (प्रायोरिटी क्लैरिटी रूल)

समस्या सेवा की नहीं है, बल्कि **स्पष्टता** की कमी की है और **प्राथमिकता** तय न करने की है। मेरे लिए सबसे महत्वपूर्ण क्या है? उदाहरण के लिए, एक लड़की जिसे बचपन से ही अत्याचार और आघात झेलना पड़ा। उसे बचपन में प्यार नहीं मिला। उसकी सौतेली माँ ने उसे कभी अच्छा

व्यवहार नहीं दिया। उसे कभी अच्छा भोजन नहीं मिला। उसे हमेशा अपमानित किया गया, उसके साथ गलत व्यवहार हुआ। ऐसी लड़की जब बड़ी होती है, तो वह डर से भरी होती है, आत्म-संदेह से भरी होती है।

वह किसी पर भरोसा नहीं कर पाती, किसी से प्रेम नहीं कर पाती क्योंकि किसी ने उससे कभी प्रेम नहीं किया। अब कल्पना कीजिए ऐसा व्यक्ति जो डर, संदेह, आघात और असुरक्षा से भरा है - उसे सबसे पहले क्या चाहिए? उसकी प्राथमिकता क्या होनी चाहिए? उसकी **प्राथमिकता** है - अपने अंदर के डर और संदेह को मिटाना। अपना **आत्म-विश्वास** वापस पाना। क्योंकि वर्षों से उसे यही कहा गया - "तुम अच्छी नहीं हो।" और यही बातें उसके मन में गहराई तक बैठ गईं। वह चुपचाप रोती है, किसी से कुछ कह नहीं पाती, किसी पर भरोसा नहीं कर पाती। फिर अचानक उसके जीवन में एक ऐसा व्यक्ति आता है, जो उस पर विश्वास करता है, उसे सम्मान देता है, उसे प्रेम देता है, उसकी कद्र करता है और उसके संदेह को मिटा देता है। यहीं से उसकी नई यात्रा शुरू होती है। इस उदाहरण में उसकी प्राथमिकता थी - **प्रेम और आत्म-विश्वास**।

इसी तरह हमें भी अपने जीवन में तय करना होगा - मेरी प्राथमिकता क्या है? क्या यह शरीर है? शरीर की कमजोरियाँ? बीमारियाँ? वजन? या फिर - ईर्ष्या? प्रतिस्पर्धा? अहंकार? क्रोध? हमें अपनी प्राथमिकता पहचाननी है और उसी पर काम करना है।

4. अपने आंतरिक केंद्र में लौटना (इनर सेंटर रिटर्न)

जीवन में बहुत सारी व्यस्तताएँ और चुनौतियाँ होती हैं। यदि आप अपने **केंद्र** में वापस नहीं लौटते, तो आप खो जाते हैं और वह केंद्र क्या है? "मैं एक शांत आत्मा हूँ।" हमें बार-बार उसी केंद्र में लौटना है। यदि आप सुबह अमृतवेला में अपने केंद्र में आ जाते हैं तो दिन की शुरुआत अच्छी होती है। फिर पूरा दिन आप व्यस्त रहते हैं - यात्रा, सेवा, बातचीत; शाम तक आप खुद को फिर से **रीचार्ज** करना भूल जाते हैं और फिर थककर सो जाते हैं। इस प्रकार अगली बार आपका केंद्र में आना केवल अगले दिन ही होता है यानी बीच के 24 घंटों में आप केंद्र से दूर हो जाते हैं। लगातार 12 घंटे के काम के बाद एक **भावनात्मक थकान (इमोशनल**

कोलैप्स) आ जाती है। तब आपको कुछ भारी चाहिए - कोई सहारा, कोई आराम।

यदि उस समय आपसे कहा जाए कि फल खाओ तो उस समय शुद्धता प्राथमिकता नहीं होती। उस समय आपको **भारीपन और आराम** चाहिए - उस खालीपन को भरने के लिए इसीलिए लोग खाने की ओर आकर्षित होते हैं क्योंकि वह खाना उस **भावनात्मक खालीपन** को भरने का काम करता है। यहाँ खाना भूख के लिए नहीं होता बल्कि भावनात्मक शून्यता को भरने के लिए होता है। यह उस खालीपन को भरने के लिए होता है क्योंकि यदि आप लगातार 4 घंटे तक कोई भी सेवा करते हैं और बीच में अपने केंद्र में नहीं आते तो अचानक भीतर एक खालीपन महसूस होने लगता है इसलिए यह **केंद्र में लौटना** बहुत आवश्यक है। आपको बार-बार अपने केंद्र में आना होगा। यदि आप ऐसा करते रहेंगे तो आप स्थिर बने रहेंगे। दोपहर में - केंद्र में आएँ, शाम को - केंद्र में आएँ, सोने से पहले - केंद्र में आएँ।

यदि आप ऐसा नहीं करते और केवल अमृतवेला में ही केंद्र में आते हैं तो 12 घंटे की लगातार सेवा के बाद **भावनात्मक थकावट** या गिरावट आ जाती है फिर आपको किसी व्यक्ति का सहारा चाहिए होता है, कोई भावनात्मक समर्थन चाहिए होता है फिर **देह-अभिमान** की ओर झुकाव बढ़ता है। भारी, मसालेदार भोजन की इच्छा होती है - चावल, दाल, तरह-तरह के पकवान। कभी मन करता है कहीं घूमने जाएँ, कुछ खास खाएँ लेकिन यह इसलिए नहीं है कि आपको सच में भूख लगी है। यह उस **अंदर के खालीपन को भरने की कोशिश** होती है, जो पैदा हो गया है और ऐसा नहीं है कि आपने काम नहीं किया, आपने पूरे दिन सेवा की है।

आपने 4-4 भाषण दिए, लोगों को कोर्स कराए। **पूरा दिन सेवा में व्यस्त रहे फिर भी यह खालीपन आ सकता है क्योंकि बीच-बीच में आपने खुद को अंदर से जोड़ा नहीं।** फिर जब आप बिस्तर पर जाते हैं तो फिर यह खालीपन आपको जकड़ता है और फिर अंदर बेचैनी होती है और लोग इस खालीपन को शॉर्ट्स और रील्स से भरते हैं। तो इसे समझना है यह साइकोलॉजी और फिजियोलॉजी दोनों है। यह गलती का पछतावा नहीं है, यह पाप नहीं है इससे सीखो और आगे बढ़ो।

5. पीस ब्रॉडकास्टिंग

दुनिया में बहुत अशांति है, धार्मिक सत्ता, राजनीतिक सत्ता, विज्ञान - सब कुछ उथल-पुथल की स्थिति में है। सबसे महत्वपूर्ण बात है शांति का प्रसारण करना। बस पूरे विश्व को शुभकामनाओं की तरंगें भेजें, पाँचों महाद्वीपों में यात्रा करें और कंपन फैलाएँ। कभी-कभी मैं सोचता हूँ कि इतनी दुश्मनी क्यों है। आप इस दुनिया के किसी भी देश में जाएँ, वहाँ वही लोग हैं, वही भावनाएँ हैं। आप पाकिस्तान जाएँ, आप अफगानिस्तान जाएँ, आप दुनिया के किसी भी देश में जाएँ - वही लोग, वही भावनाएँ, वही भोजन जो वे खाते हैं और फिर भी, यदि वे यहाँ आते हैं तो यहाँ का संगीत उनके देश में लोकप्रिय है, वहाँ का संगीत इस देश में लोकप्रिय है, यहाँ की फिल्में उनके देशों में लोकप्रिय हैं, वहाँ की फिल्में इस देश में लोकप्रिय हैं।

वही भावनाएँ, वही प्रेम, और फिर भी इतना विभाजन है। हम उस देश में नहीं जा सकते और वे इस देश में नहीं आ सकते, क्यों? यह किसने बनाया? इस वैमनस्य, इस दुश्मनी को किसने बनाया? वे इतने शत्रुतापूर्ण क्यों हैं? पूरा विश्व एक क्यों नहीं बन सकता? वे यहाँ स्वतंत्र रूप से क्यों नहीं आ सकते और हम वहाँ क्यों नहीं जा सकते? **इसलिए दुनिया को शांति की आवश्यकता है। दुनिया टुकड़ों में बँटी हुई है और अशांत है। इसलिए बाबा कहते हैं - एक भगवान, एक परिवार, एक विश्व, एक परिवार। इसलिए शांति को धारण करें, शांति का प्रसारण करें, शांति का टेलीकास्ट करें और पूरे विश्व को शांति की सकाश दें, ताकि सभी लोग एक हो जाएँ।** न कोई विभाजन हो, न कोई विखंडन - सब एक हो जाएँ। वे यहाँ आ सकें, हम वहाँ जा सकें। यही दृष्टि महत्वपूर्ण है।

Notes :

DAY 10

बर्ट्रेंड रसल ने एक बहुत सुंदर कहानी सुनाई है। एक ईसाई पादरी मर जाता है। यह उसी पादरी का एक स्वप्न है। वह मरकर स्वर्ग पहुँचता है। वह देखता है कि स्वर्ग के द्वार बहुत विशाल हैं और वह स्वयं को एक छोटी सी चींटी जैसा अनुभव करता है। उसे हर जगह बस द्वार ही दिखाई देते हैं। वह यह अपेक्षा कर रहा था कि स्वर्ग के द्वार पर ईश्वर खड़े होंगे और देवदूत उसका स्वागत करते हुए गीत गा रहे होंगे लेकिन उसकी गहरी निराशा के लिए, उसे ऐसी स्थिति मिलती है। न कोई स्वागत है, न ही ईश्वर वहाँ हैं और द्वार बंद हैं। उसने दरवाज़ा खटखटाना शुरू किया, लेकिन उसकी खटखटाहट की आवाज़ भी सुनाई नहीं दे रही थी। तीन दिनों तक वह खटखटाता रहा। कोई उत्तर नहीं मिला।

तीसरे दिन, किसी ने खिड़की से झाँककर नीचे देखा। पादरी ने पूछा, "ईश्वर?" उत्तर आया, "नहीं। मैं ईश्वर नहीं हूँ। मैं संत पीटर हूँ।" तुमने मेरे बारे में सुना होगा। उसके हज़ार नेत्र हैं। पादरी ने पूछा, "तो फिर ईश्वर कहाँ हैं?" संत पीटर ने कहा, "यह तो मैं भी नहीं जानता।" उसने कहा, "मेरी एक हज़ार आँखें हैं और मैं पिछले दो हज़ार वर्षों से ईश्वर को खोज रहा हूँ और जीसस क्राइस्ट का क्या?" संत पीटर ने कहा, "उनके बारे में भी मुझे कुछ नहीं पता। यह अंतरिक्ष बहुत विशाल है और मैं तो केवल एक चौकीदार हूँ। मैंने न तो ईश्वर को देखा है और न ही यीशु मसीह को। तुम क्या चाहते हो?"

पादरी ने कहा, "मैं पृथ्वी से आया एक पादरी हूँ। ईश्वर को बताओ।" चौकीदार ने कहा, "पृथ्वी? कौन-सी पृथ्वी? तुम्हारी पृथ्वी का इंडेक्स नंबर क्या है?" पादरी यह सुनकर चौंक गया, आश्चर्यचकित रह गया। उसने कहा, "इंडेक्स नंबर? मैंने कभी इसका नाम नहीं सुना।" संत पीटर ने कहा, "हाँ, इंडेक्स नंबर। इतनी सारी पृथ्वियाँ हैं, इतने सारे सूर्य हैं, इतने सारे सौर मंडल और आकाश गंगाएँ हैं। मैं कैसे जानूँ कि तुम किस पृथ्वी से आए हो?" पादरी को अपमान महसूस हुआ। उसने कहा, "मुझे पृथ्वी का इंडेक्स नंबर नहीं पता।"

संत पीटर ने कहा, "ठीक है, मैं पुस्तकालय जाकर पता करने की कोशिश करता हूँ। तब तक तुम यहीं प्रतीक्षा करो।" और पादरी वर्षों और वर्षों तक इंतज़ार करता रहा... लेकिन कोई

भी वापस नहीं आया और फिर अचानक वह इस भयावह स्वप्न से जाग गया। उसने ईश्वर से कहा, "हे प्रभु, मैं अपनी सभी प्रार्थनाएँ वापस लेता हूँ। मैं अपनी सारी प्रार्थनाएँ रद्द करता हूँ।"

जीवन में जानने के लिए बहुत कुछ है। समझने और अनुभव करने के लिए बहुत कुछ है। हम जो सोचते हैं कि हमने जान लिया है, जो हम मानते हैं कि हमने अनुभव कर लिया है वह बहुत ही नगण्य है। **जीवन बहुत विशाल है और यदि कोई कहता है कि "मैंने सब जान लिया, मेरी यात्रा पूरी हो गई," तो संभवतः वह अभी भी अंधकार में है।** जीवन का एक बड़ा दृष्टिकोण है और हमारी सारी उपलब्धियाँ, हमारी स्थिति और प्रतिष्ठा सब कुछ समाप्त हो जाएगा, यदि हम जीवन के इस बड़े चित्र को देख लें इसलिए, "बड़े दृष्टिकोण की जागरूकता" ज़रूरी है।

अब इस श्रृंखला के 10वें दिन पर आते हैं। हम दिव्यता के साथ सामंजस्य में रहने के लिए 5 नए उपाय पर चर्चा करेंगे :-

1. लाइट बॉडी अवेयरनेस

देह-अभिमान के प्रभाव में शरीर भारी और बोझिल महसूस होता है, लेकिन जब आप स्वयं को एक प्रकाशमय अस्तित्व के रूप में देखते हैं तो आपकी जागरूकता बदल जाती है। **जैसा आपका आहार होता है, वैसा ही आपका शरीर बनता है- हल्का आहार, हल्का शरीर। भारी आहार, भारी शरीर।**

मैं केवल एक प्रकाश की चिंगारी (स्पार्क) हूँ, जो इस शरीर के माध्यम से कार्य कर रही है। मैं उस आयामहीन प्रकाश-बिंदु की एक चिंगारी हूँ, जो इस शरीर के द्वारा कार्य कर रही है। जब यह जागरूकता गहरी होती है तो केवल आत्मा ही प्रकाश नहीं रहती बल्कि पूरा शरीर ही प्रकाशमय अनुभव होने लगता है तो मैं उसी जागरूकता के साथ चलता हूँ। शरीर प्रकाश से भरा हुआ है। आत्मा प्रकाश है। मैं जो खाता हूँ वह प्रकाश है। जो पीता हूँ वह प्रकाश है। जो देखता हूँ वह प्रकाश है। मैं जो सुनता हूँ वह प्रकाश है, जिसे छूता हूँ वह प्रकाश है। मैं प्रकाश चेतना में चलता हूँ। मैं दिव्य चेतना में चलता हूँ। ऐसा लगता है मानो कोई आध्यात्मिक, देवदूत जैसा अस्तित्व गतिमान है। सब कुछ हल्का हो जाता है। **यह उच्च स्पंदन का जीवन है।** देह-अभिमान की निम्न तरंगों से ऊपर उठकर हम प्रकाश चेतना में प्रवेश करते हैं।

जितना अधिक हम देह-अभिमान में रहते हैं, उतना ही शरीर में दर्द और पीड़ा होती है। जितना अधिक आप उच्च चेतना की ओर बढ़ते हैं, इच्छाएँ समाप्त होने लगती हैं। भूख की तीव्रता भी आपको परेशान नहीं करती। यह प्राणिक चेतना है। प्राण का उपभोग (इंटेक) बढ़ जाता है। सबसे पहले जो होता है, रोग समाप्त होने लगते हैं। दर्द और पीड़ा कम हो जाते हैं। शरीर का भारीपन समाप्त हो जाता है, क्योंकि उपभोग (इंटेक) हल्का हो जाता है। यह केवल भोजन की बात नहीं है। यह हर प्रकार के ग्रहण की बात है।

डिजिटल इंटेक, डिजिटल उपभोग भी हल्का होना चाहिए। यदि वह हिंसक है, शोर से भरा है, या उसमें नाम, यश और इच्छाओं के अंश हैं तो वह आपको भारी बना देता है। **आध्यात्मिक जीवन में हल्कापन ही जीवन है और भारीपन ही मृत्यु है इसलिए हर स्तर पर इस हल्केपन को लाने का प्रयास करना चाहिए।** जितने हल्के आप होंगें, उतना ही आप उड़ सकेंगे। जितने हल्के आप होते हैं, उतनी ही आसानी और तेज़ी से आगे बढ़ते हैं और जितने भारी होते हैं, उतना ही पीछे रह जाते हैं, खुद को घसीटना पड़ता है और एक तरह की सुस्ती आ जाती है।

आप देख सकते हैं, जब आप भारी भोजन करते हैं तो क्या होता है? आप लगभग एक बेहोशी जैसी अवस्था में चले जाते हैं। भारीपन, नींद, सुस्ती, न तो व्यायाम करने का मन करता है, न प्रकृति से जुड़ने का, न ही कुछ सक्रिय करने का मन करता है। शरीर में बहुत अधिक भारीपन महसूस होता है। इसलिए पहला उपाय है, हल्का इंटेक और यह कल्पना करना कि शरीर हल्का है और हल्केपन का अभ्यास करना।

देखें कि आपका शरीर उड़ रहा है। कल्पना करें कि आपका शरीर एक पंख जैसा हल्का हो गया है, एक देवदूत जैसा। वह निरंतर ऊपर की ओर गतिमान है, उसके पंख हैं और वह उड़ रहा है, इस प्रकार की कल्पना बहुत मदद करती है। आप जो सपना देखते हैं, वही बनते हैं। आप जो कल्पना करते हैं, वही बनते हैं। जो कुछ भी आप रचते हैं, वह पहले मन में ही तैयार होता है। हम पहले सोचते हैं, फिर वह साकार होता है। इसलिए सोचें, **मैं हल्का हूँ**। सोचें **मेरा शरीर हल्का है** और आपका शरीर धीरे-धीरे हल्का होने लगेगा।

2. क्षमा का सूक्ष्म अभ्यास (फारगिवनेस माइक्रो प्रैक्टिस)

एक चीज़ जो हमें भारी बनाती है, वह है दिल में भरा हुआ द्वेष, पुरानी बातें, मन में बैठी नाराज़गी, और जमा हुआ क्रोध। हम क्षमा का अभ्यास क्यों करें? यह इसलिए नहीं कि हम दूसरों के व्यवहार को सही मानते हैं, यह इसलिए है क्योंकि मैं नहीं चाहता कि मेरा हृदय एक जेल बन जाए, द्वेष का कैदी बन जाए। यदि मैं अपने दिल में घृणा, नाराज़गी, बदला, सूक्ष्म बदला और दुर्भावना रखूँ तो ऐसा हृदय भारी हो जाता है।

मैं उन्हें इसलिए क्षमा नहीं करता कि वे गलत हैं या बहुत अच्छे हैं। मैं उन्हें इसलिए क्षमा करता हूँ क्योंकि मैं आगे बढ़ना चाहता हूँ, क्योंकि मैं उड़ना चाहता हूँ, क्योंकि मैं कैदी नहीं बनना चाहता। मैं सभी को क्षमा करता हूँ। उनका व्यवहार, उनके शब्द, उनका रवैया, इन सबने मुझे अतीत में चोट पहुँचाई है। मैं इसे स्वीकार करता हूँ लेकिन मैं अब इस भावनात्मक बोझ, इस भावनात्मक अवशेष को अपने साथ नहीं ले जाना चाहता। मेरी यात्रा ऊपर की ओर है। मैं उसी चेतना की अवस्था में नहीं रह सकता, जहाँ अभी हूँ, द्वेष, घृणा और बदले के साथ।

मैं सबको क्षमा करता हूँ। **सबको याद करो, सबको देखो और उनसे कहो- "मैं तुम्हें क्षमा करता हूँ।" "मैं तुम्हें माफ़ करता हूँ, चाहे तुमने कुछ भी किया हो।** "कई बार किसी व्यक्ति के कारण वर्षों तक अत्याचार और भावनात्मक आघात सहना पड़ता है, फिर भी... मैं क्षमा करता हूँ। हो सकता है वे कभी अपनी गलती न समझें। हो सकता है वे कभी आकर मुझसे माफ़ी न माँगें और ऐसा अक्सर होता है, जो व्यक्ति घृणा से भरा होता है, वह अपनी गलतियों का एहसास नहीं कर पाता। वह उसी स्तर पर, उसी अवस्था में बना रहता है। चाहे वे क्या सोचें, क्या करें, मैं उन्हें क्षमा करता हूँ। यह क्षमा केवल मेरा आभूषण नहीं है, बल्कि यह क्रियात्मक है, यह मेरे जीवन में काम करती है।

3. बिग पिक्चर अवेयरनेस

जैसा आपने कहानी में देखा, वह पादरी जो स्वयं को पृथ्वी पर बहुत बड़ा समझता था, जब वह स्वप्न में स्वर्ग पहुँचा तो उसे पता चला कि वहाँ तो किसी को पृथ्वी के बारे में भी पता नहीं था। वे पृथ्वी का इंडेक्स नंबर पूछ रहे थे कि तुम किस पृथ्वी से आए हो, किस सौर मंडल से,

किस आकाशगंगा से। हज़ारों-लाखों आकाशगंगाएँ और सौर मंडल हैं। उसका भ्रम टूट गया।

जीवन में जो कुछ भी हो रहा है, ये सब छोटे-छोटे दृश्य हैं और जब हम उन्हें बहुत करीब से देखते हैं तो हम डर जाते हैं, परेशान हो जाते हैं। जो कल हुआ, वह बहुत महत्वपूर्ण लग रहा था लेकिन आज वह महत्वहीन हो गया है। अभी-अभी अगर किसी ने आकर मुझे अपमानित किया तो मुझे चोट लगती है, लेकिन 10 दिन बाद, जब मैं उसे याद करता हूँ तो उसका प्रभाव कम हो चुका होता है तो ये सब जीवन-नाटक के दृश्य हैं। मैं अपना पात्र निभा रहा हूँ। यह जागरूकता तब खो जाती है जब हम इस नाटक में बहुत अधिक उलझ जाते हैं और बड़े दृष्टिकोण को भूल जाते हैं।

बड़ा चित्र यह है - यह पृथ्वी है और ऐसी सैकड़ों-हज़ारों पृथ्वियाँ हैं, सैकड़ों-हज़ारों आकाशगंगाएँ हैं और इस पृथ्वी में यह भारत एक बिंदु है। उसमें यह माउंट आबू एक छोटा-सा स्थान है और उसमें यह सुखधाम और भी छोटा और अब कोई आकर आपकी जगह पर बैठ गया और आपको बुरा लग गया - "यह मेरी जगह है, यह क्यों बैठ गया?" कौन-सी जगह? कौन-सा स्थान? कौन-सा पर्वत, कौन-सा भारत, कौन-सा एशिया और कौन-सी पृथ्वी की बात कर रहे हैं? जरा बड़े चित्र को देखिए। जब आप बड़े चित्र को देखते हैं तो सब कुछ बहुत छोटा लगने लगता है लेकिन हम महसूस करते हैं कि हम ही सबसे महत्वपूर्ण हैं।

बड़े दृष्टिकोण को देखिए, यह सब एक 5000 एपिसोड का महा-नाटक है। जैसे फिल्मों या धारावाहिकों में एपिसोड होते हैं- 40, 400, 1000 एपिसोड, वैसे ही यह भी अलग-अलग एपिसोड हैं। एपिसोड 1, 2, 3, 4, 5... ये सब जीवन के अलग-अलग दृश्य हैं। ये सब उपकथाएँ हैं और फिर अचानक कोई नया पात्र प्रवेश करता है। एक नया अभिनेता आता है, अपना किरदार निभाता है और फिर चला जाता है क्योंकि इस नाटक का रचयिता, निर्देशक चाहता है कि यह नाटक 5000 वर्षों तक चलता रहे इसलिए वह नए-नए पात्र और नई-नई उपकथाएँ लाता रहता है, ताकि यह नाटक चलता रहे।

मुद्दा यह नहीं है कि नाटक में क्या हो रहा है। मुद्दा यह है कि मेरी जागरूकता क्या है कि यह एक नाटक है, मैं अपना पात्र निभा रहा हूँ, और मैं इससे अलग हूँ। मुझे यह समझना है

कि यहाँ जो भी अभिनेता हैं, उन्हें उनका-उनका रोल दिया गया है, मैं क्या कर सकता हूँ? कोई राम बना है, कोई रावण बना है। यहाँ तक कि "सर्वश्रेष्ठ खलनायक" का पुरस्कार भी दिया जाता है। विपक्षी, समर्थक, नायक, ये सभी भूमिकाएँ हैं तो वह अपना रोल बहुत अच्छे से निभा रहा है, इसलिए उसके शब्द कड़वे हैं क्योंकि उसका किरदार ही ऐसा है। अगर मैं परेशान हो जाऊँ कि "यह रावण इतना ज़ोर से क्यों हँस रहा है?" तो "बड़े दृष्टिकोण" की यह जागरूकता मुझे शांत कर देती है।

4. जोड़ना (एसोसिएशन)

स्मृति जोड़ से मजबूत होती है। यदि आप किसी चीज़ को किसी और चीज़ से जोड़ते नहीं हैं तो स्मृति कमजोर हो जाती है। सिर्फ सूखा आध्यात्मिक ज्ञान सीखना पर्याप्त नहीं है। जोड़ने के बिना ज्ञान सूखा रह जाता है। आपको किसी चीज़ से जोड़ना होगा। उदाहरण के लिए अगर मैं "शांति" शब्द पढ़ता हूँ तो मुझे एक चित्र बनाना चाहिए- एक शांत, निर्मल, बिना लहरों वाली झील की कल्पना। अब हर बार जब मैं "शांति" पढ़ूँगा, मुझे झील याद आएगी और जब भी मैं झील देखूँगा, मुझे "शांति" याद आएगी। इस प्रकार एक संगति (एसोसिएशन) बन गई।

इसी तरह अगर मैं "शक्ति" के बारे में पढ़ता हूँ तो मैं उगते हुए सूर्य की कल्पना करता हूँ, जो अंधकार को दूर कर रहा है। अब हर बार जब मैं सूर्य को देखूँगा, मुझे "शक्ति" याद आएगी। तो ज्ञान को कुछ चीज़ों, स्थानों और वस्तुओं के साथ जोड़िए। जब संगति (एसोसिएशन) बनती है तो हमारी स्मृति मजबूत हो जाती है। **स्मृति का अर्थ ही है - अज्ञात को ज्ञात से जोड़ना, जो नहीं देखा उसे देखे हुए से जोड़ना, जो नहीं सुना उसे सुने हुए से जोड़ना।**

यदि मैं "फोरगिवनेस" का अर्थ जानता हूँ, तो मुझे पहले से पता है कि क्षमा क्या है। अब कोई मुझे नया शब्द "पार्डन" बताता है तो मैं उसे नहीं समझ पाता। लेकिन जब कोई कहता है कि "पार्डन" का अर्थ "फोरगिवनेस" है तो मैं उसे जोड़ लेता हूँ और मेरी स्मृति मजबूत हो जाती है। इसी प्रकार, ज्ञान को स्थानों और वस्तुओं के साथ जोड़िए। उसे किसी न किसी चीज़ से संबंधित होना चाहिए। यह संबंध ही स्मृति को मजबूत बनाती है।

5. भावनाएँ

भक्ति इतनी शक्तिशाली क्यों होती है? भक्त इतने गहरे और तीव्र क्यों होते हैं? क्योंकि उसमें भावनाएँ होती हैं। **यह केवल सूखा ज्ञान नहीं है। जब ज्ञान भावनाओं से जुड़ता है तो वह और मजबूत हो जाता है। जब ज्ञान अनुभव से जुड़ता है तो वह जीवंत हो जाता है।**

जब आप मुरली पढ़ते हैं, अगर बिना भावना, बिना अनुभव के पढ़ते हैं तो वह एक बोझिल कार्य बन जाता है लेकिन जब आप उसमें भावनाएँ जोड़ते हैं तो वह एक जीवंत अनुभव बन जाता है, गहरी भावनाएँ...। भक्ति में लोग रोते हैं, रोमांचित हो जाते हैं, उनके रोंगटे खड़े हो जाते हैं, वे बेहोश तक हो जाते हैं, वे गाते हैं, नाचते हैं, आनंदित होते हैं, इतनी तीव्रता, इतना उत्साह...। इसलिए भक्ति गहरी भावनाओं से जुड़ी होती है। उसी प्रकार, ज्ञान में भी यदि आप भावनाएँ जोड़ते हैं तो वह जीवंत हो जाता है। जैसे एक कवि एक जीवंत पंक्ति लिखने में उसे घंटों लग जाते हैं क्योंकि वह उसमें अपनी भावना डालता है। यदि भावना न हो तो वह केवल एक साधारण, निर्जीव पंक्ति रह जाती है।

तो ये हैं पाँच उपाय -

- **पहला है हल्के शरीर की जागरूकता** - हम बार-बार सोचते रहते हैं – मैं आत्मा हूँ, मैं आत्मा हूँ, मैं आत्मा हूँ। लेकिन **"मैं आत्मा हूँ" यह केवल दोहराने की बात नहीं है, यह एक अनुभूति होनी चाहिए जो आपके अंदर चल रही साधना का परिणाम हो।** यह तोते की तरह रटने से नहीं आएगा। इसके लिए आपको कई चीज़ों पर काम करना होगा। जो भी भारीपन आप अपने शरीर में डालते हैं जैसे ज्यादा मसालेदार भोजन, भारी अनाज, स्टार्च, जब आप इन्हें धीरे-धीरे, संतुलित तरीके से कम करते हैं (बिना अति-सख्ती के), तब धीरे-धीरे एक **चमत्कारिक बदलाव** महसूस होने लगता है।
- **दूसरी है माफी की सूक्ष्म साधना** - मैं उन्हें माफ करता हूँ, उनके कारणों की वजह से नहीं, बल्कि अपने कारणों से क्योंकि मैं अपने अंदर वह हल्कापन पाना चाहता हूँ, जिससे जीवन स्वयं एक **जीवित ध्यान (लिविंग मेडिटेशन)** बन जाए।
- **तीसरी साधना है बड़ा दृष्टिकोण** - आपके साथ जो भी हो रहा है, उसे ऐसे देखें कि यह

इस विशाल जीवन-नाटक का केवल एक **छोटा-सा दृश्य** है। एक बहुत ही छोटा, लगभग महत्वहीन दृश्य। दोनों ही स्थितियाँ - अगर कोई आपको अपमानित करता है, वह भी एक छोटा-सा दृश्य है और अगर कोई आपकी प्रशंसा करता है, आप प्रसिद्ध हो जाते हैं, वह भी एक बहुत छोटा-सा दृश्य है। सम्मान-अपमान, प्रेम-घृणा, मिलन-वियोग, ठंड-गर्मी, हानि-लाभ, पास-फेल; ये सभी एक दूसरे के विपरीत हैं। **योगी इन सबसे अछूता रहता है, क्योंकि वह बड़े दृष्टिकोण को देखता है। उसके लिए ये सब केवल छोटे-छोटे, सूक्ष्म, नगण्य घटनाएँ हैं, जीवन-नाटक के छोटे-छोटे दृश्य।** मुझे बड़ा चित्र देखना है और जब मैं **बड़ा चित्र** देखता हूँ तो समझ आता है।

मान लीजिए यह एक ध्यान कक्ष है और उसमें बाबा के 100 बच्चे बैठकर ध्यान कर रहे हैं। अब मैं केवल अपने ऊपर ही ध्यान दे रहा हूँ। लेकिन दूसरों को भी देखिए। कोई वकील है, वह बाबा से कैसे बात कर रहा होगा? कोई डॉक्टर है, कोई इंजीनियर है। कोई अशिक्षित व्यक्ति है, वह बाबा से कैसे संवाद कर रहा होगा? मैं बहुत पढ़ा-लिखा हूँ, इसलिए मैं बहुत भारी-भरकम भाषा का उपयोग करके बात कर रहा हूँ लेकिन देखिए, वहाँ एक और व्यक्ति है।

आप जानते होंगे एक स्वामी अखंडानंद जी थे। श्री रामकृष्ण परमहंस के 12 शिष्यों में से स्वामी अखंडानंद ही एक ऐसे थे जो अशिक्षित और अनपढ़ थे लेकिन फिर भी उनका व्यक्तित्व बहुत महान था। बाकी 11 शिष्य अत्यधिक शिक्षित थे, लेकिन वे एक चमत्कार थे। जैसा कि स्वामी विवेकानंद जी कहते हैं - "वे मेरे गुरु का चमत्कार थे।" उनका हर एक कर्म आध्यात्मिकता से भरा हुआ था, जीवंत अनुभव से भरा हुआ। उन्होंने कोई पुस्तक नहीं पढ़ी थी, फिर भी वे ज्ञान से परिपूर्ण थे। एक बार किसी ने उनसे पूछा, "क्या हम आपकी जीवनी लिखें?" उन्होंने कहा, "नहीं, मैं तो एक तुच्छ प्राणी हूँ। मेरे गुरु की जीवनी लिखो, मेरी नहीं।" तो ऐसे भी लोग होते हैं जो पढ़े-लिखे नहीं होते, फिर भी उनके पास बहुत उच्च आध्यात्मिक अनुभव होता है।

- **अगला है संगति (एसोसिएशन)** - ज्ञान को चीज़ों और वस्तुओं से जोड़िए, उसे जीवंत बनाइए। बिना संगति के ज्ञान धीरे-धीरे भूल जाता है।

- **अंतिम है भावनाएँ** - भावनाएँ जोड़िए, अनुभव जोड़िए, गहरी भावनाएँ, तीव्र अनुभव। जैसे आप एक सरल पंक्ति पढ़ते हैं - "**बाबा मेरे साथ हैं**।" अब इस पंक्ति में भावना कैसे डालें? वह मेरे रक्षक हैं। जब मैं चलता हूँ वो मेरे छत्र हैं। वे मेरा सहारा हैं। मेरी रक्षा करते हैं। वे मेरे प्रोटेक्टर हैं, मेरे बॉडीगार्ड हैं, मेरे सौंदर्यकार (ब्यूटीशियन) हैं, मेरे नाविक हैं। वे मुझे चारों ओर से घेरकर सुरक्षा देते हैं। वे कोई व्यक्ति नहीं, एक उपस्थिति हैं। वे मेरा सहारा हैं, मुझसे प्रेम करते हैं। वे मेरे शिक्षक, मार्गदर्शक, सलाहकार हैं। वे मेरे गुरु हैं उस्ताद हैं, **मेरे सब कुछ हैं**, सर्वेसर्वा। जब आप इन भावनाओं को उस एक पंक्ति में डालते हैं तो वह पंक्ति जीवंत बन जाती है और वही जीवंत अनुभव धीरे-धीरे अनुभव बन जाता है तो ये हैं आज के 5 उपाय।

Notes :

DAY 11

आज मैं आपको **संकल्प योग** के सिद्धांत का एक संक्षिप्त परिचय देने जा रहा हूँ:

1. वर्तमान क्षण

अभी और यहीं। हमारे मन की प्रवृत्ति होती है कि वह या तो अतीत में भटकता रहता है या भविष्य में चला जाता है। उसे वर्तमान में ठहरना पसंद नहीं है। मन में एक जन्मजात आदत होती है या तो भविष्य की कल्पनाओं में खो जाने की, या फिर अतीत की यादों में उलझने की इसीलिए मन को वर्तमान में स्थिर रखना, उसे अनावश्यक भटकाव से मुक्त करता है।

अब प्रश्न है यह कैसे करें? इसका सबसे आसान तरीका है **श्वास पर ध्यान**। जब भी आपको लगे कि मन एक दृश्य से दूसरे दृश्य में अनियंत्रित रूप से भटक रहा है तो उसे श्वास पर केंद्रित कर दें। वास्तव में, ध्यान शुरू करने का सबसे अच्छा तरीका है - **बॉक्स ब्रीदिंग**। जब भी आप ध्यान के लिए बैठें, चाहे वह **अमृतवेला का ध्यान** हो या शाम का ध्यान, गुड मॉर्निंग के बाद, बॉक्स ब्रीदिंग का अभ्यास करें।

बॉक्स ब्रीदिंग क्या है?

1, 2, 3, 4 - श्वास अंदर लें।

1, 2, 3, 4 - श्वास को रोकें।

1, 2, 3, 4 - श्वास बाहर छोड़ें।

1, 2, 3, 4 - श्वास बाहर रोकें।

यह एक पूरा चक्र है। सुबह के समय **प्राणिक क्षेत्र** बहुत विशाल और शक्तिशाली होता है। जब आप अपने शरीर को दिव्य प्राण से भरते हैं तो आपके अंदर एक नई ऊर्जा का संचार होता है - एक नई शक्ति, एक नई तरंग आपको चारों ओर से आच्छादित कर लेती है। सबसे पहले अभिवादन करें, फिर बॉक्स ब्रीदिंग का अभ्यास करें और उसके बाद श्वास पर जागरूकता लाएँ। एक-दो या तीन चक्र बॉक्स ब्रीदिंग के बाद केवल श्वास को देखें- वह अंदर आ रही है और बाहर जा रही है। इसके बाद पूरे शरीर को सिर से पैर तक धीरे-धीरे स्कैन करें,

जिससे आपकी सारी जागरूकता स्वतः वर्तमान क्षण में आ जाती है।

यही ध्यान से पहले की तैयारी है, जो आपको वर्तमान में स्थिर करती है, क्योंकि बिना इसके मन अनजाने में अतीत या भविष्य में भटक जाता है। इसलिए क्रम होना चाहिए - बॉक्स ब्रीदिंग, फिर श्वास जागरूकता, फिर बॉडी स्कैन और उसके बाद ध्यान की शुरुआत। दिनभर भी बार-बार वर्तमान क्षण में लौटने का अभ्यास करें, क्योंकि इसी क्षण में अनंतता और सच्ची संपत्ति छिपी है। ऐसे **"आहा क्षण"** इकट्ठा करें ताकि दिन के अंत में संतोष और गहरी खुशी का अनुभव हो।

2. उद्देश्य स्मरण की आदत विकसित करें

खुद से पूछते रहें कि मैं जो कर रहा हूँ, क्यों कर रहा हूँ, मेरा उद्देश्य क्या है। चाहे क्लास सुनना हो, ध्यान करना हो या कहीं जाना हो, हर क्रिया के पीछे का उद्देश्य याद रखना आंतरिक तैयारी का महत्वपूर्ण हिस्सा है।

इस पुस्तक का नाम है **"एन एक्टर प्रीपेयर्स"**, जो 1936 में प्रकाशित हुई थी। दुनिया भर के प्रसिद्ध अभिनेता इस पुस्तक का अध्ययन करते हैं। इस पुस्तक में अभिनय का मूल तत्व बताया गया है कि अभिनय बिल्कुल स्वाभाविक दिखना चाहिए, कृत्रिम नहीं। यदि स्क्रिप्ट में पूरी स्पष्टता न हो, तो अभिनेता अपनी कल्पना से उसे जीवंत बनाता है। यह एक गहरी तैयारी की प्रक्रिया है - कैसे अभिनय करना है, उसके मुख्य तत्व क्या हैं और मंच, थिएटर या नाटक में खुद को कैसे प्रस्तुत करना है।

पहले के समय में फिल्में नहीं थीं, केवल नाटक और रंगमंच थे, इसलिए कलाकारों को विशेष रूप से अभ्यास और तैयारी करनी पड़ती थी। वे स्वयं को बार-बार याद दिलाते हैं - मैं यह क्यों कर रहा हूँ, मेरा उद्देश्य क्या है और यह केवल एक अभिनय है, मैं इससे अलग हूँ। एक अभिनेता को नौ रसों (भावनाओं) में निपुण होना होता है - कभी क्रोध, कभी प्रेम, कभी आश्चर्य, आदि। सबसे श्रेष्ठ अभिनेता वही होता है जो इन सभी भावों को सहज और स्वाभाविक रूप से व्यक्त कर सके, बिना किसी बनावट के। इसलिए वे लगातार अपने उद्देश्य को याद करते रहते हैं - मैं यह क्यों कर रहा हूँ? यहां तक कि जब उन्हें आलस या नींद महसूस होती है, तब भी वे खुद

से यही प्रश्न पूछते हैं।

मैं क्यों सो रहा हूँ? यह सोने का समय नहीं है, फिर भी मैं सो रहा हूँ - क्यों? शायद मेरा भोजन भारी था, जिससे सुस्ती आ रही है। आज मैं देर से क्यों उठा? शायद रात में बाहरी व्यवधानों के कारण नींद पूरी नहीं हुई। सुबह क्यों उठना है? **हर चीज़ के पीछे "क्यों" पूछना - अपने उद्देश्य को समझना बहुत ज़रूरी है। यह आदत, खुद को बार-बार उद्देश्य याद दिलाने की, बहुत प्रभावी होती है।**

3. सेल्फ-चेक और पॉज़

जीवन में एक के बाद एक परिस्थितियाँ, चुनौतियाँ और व्यस्तता आती रहती हैं, जिससे जीवन भारी और तेज़ हो जाता है। ऐसे में बीच-बीच में रुकना बहुत ज़रूरी है। जब भी समय मिले, थोड़ी देर रुकें, अपने भीतर झाँकें - मैं क्या कर रहा हूँ? मेरे विचार कैसे हैं? मेरी भावनाएँ कैसी हैं? मैं शांत हूँ या अशांत? मन की वर्तमान स्थिति क्या है? ये छोटे-छोटे विराम बहुत महत्वपूर्ण हैं। **हर खाली क्षण में, थोड़ी देर रुककर खुद को देखना और परखना चाहिए।**

4. इनर स्माइल

अंदर से मुस्कुराना। यह एक बहुत सुंदर अवस्था है, जिसमें हम साक्षी भाव में रहते हैं - न विरोध करने की आवश्यकता, न किसी बात को सही ठहराने की। बस भीतर से मुस्कुराते हुए, अलग रहकर सबको देखना। बस इस पूरे खेल को देखना है - यह जीवन एक **दिव्य नाटक** है। यह एक सुंदर मंच है, जहाँ अभिनेता आते हैं और चले जाते हैं, और हर कोई अपना-अपना किरदार निभा रहा है। हमें केवल साक्षी बनकर इस खेल को देखना है, लेकिन फिर प्रश्न आता है - **फैक्टर X** क्या है? वह कौन-सी विशेष बात है जो किसी को असाधारण बना देती है?

एक इंटरव्यू में शाहरुख खान से यही पूछा गया - आप इतने प्रसिद्ध कैसे बन गए? लोग कह रहे थे कि कई कलाकार आपसे ज्यादा अच्छे दिखते हैं, किसी की आवाज़ बेहतर है, किसी की हाइट, किसी की अभिव्यक्ति, फिर भी दुनिया आपको याद रखती है। ऐसा क्यों?

उन्होंने कहा - मेहनत तो है ही, लेकिन केवल मेहनत ही सब कुछ नहीं है और भी लोग

मेहनत करते हैं, कई लोगों का स्टाइल भी बेहतर होता है। फिर क्या है वह खास बात? शायद वह है **सही समय**, सही अवसर और उसके साथ एक अदृश्य तत्व - वह "फैक्टर X"। यह फैक्टर X केवल बाहरी गुणों से नहीं आता, बल्कि भीतर की स्थिति, समर्पण, निरंतरता, दृष्टिकोण और एक गहरी आंतरिक गुणवत्ता से आता है।

जब हम जीवन को एक नाटक की तरह देखते हैं, साक्षी भाव में रहते हैं, अपने उद्देश्य को याद रखते हैं और हर क्षण को जागरूकता से जीते हैं तो धीरे-धीरे वही "फैक्टर X" हमारे अंदर भी प्रकट होने लगता है। दूसरे लोग आपसे कई बातों में आगे हो सकते हैं, किसी की मुस्कान बेहतर, किसी का डांस बेहतर, किसी की आवाज़, व्यक्तित्व या अभिव्यक्ति अधिक प्रभावशाली हो सकती है। फिर भी कुछ लोग ऐसे होते हैं जो सबसे अलग नज़र आते हैं। उनमें कुछ ऐसा होता है जो दर्शकों को अपनी ओर आकर्षित करता है - एक अनजानी, अनकही शक्ति, यही है **फैक्टर X** - कुछ ऐसा जो शब्दों में पूरी तरह समझाया नहीं जा सकता।

जैसा कि शाहरुख खान ने कहा, मेहनत तो ज़रूरी है ही लेकिन केवल मेहनत ही सब कुछ नहीं है। कई लोग उनसे ज्यादा अच्छे डांसर, बेहतर दिखने वाले या अधिक प्रतिभाशाली हो सकते हैं, फिर भी वे अद्वितीय बने रहते हैं। इसका **कारण है उनका दृष्टिकोण - वे हर दिन को ऐसे लेते हैं जैसे यह उनका पहला दिन हो।** वे लगातार सीखते हैं; मनोविज्ञान, दर्शन, किताबें, यात्राएँ और सबसे महत्वपूर्ण, वे विनम्र रहते हैं, इसलिए सीखते रहते हैं। यही सब मिलकर उस "फैक्टर X" को जन्म देता है; एक आंतरिक आकर्षण, एक चुंबकीय व्यक्तित्व, एक सहज करिश्मा। यह कोई बाहरी चीज़ नहीं, बल्कि भीतर की अवस्था है - एक **इनर स्माइल**, एक शांत, साक्षी भाव। इसलिए **उस भीतर की मुस्कान को देखें, उसे महसूस करें, वहीं से वह असली आकर्षण जन्म लेता है, जो आपको सबसे अलग बनाता है।**

अपने भीतर जाएँ और उस मुस्कान को देखें - क्या आप अंदर से मुस्कुरा रहे हैं? आपका आंतरिक भाव कैसा है? क्या वह मुस्कुराहट वाला है या क्रोध, चिड़चिड़ापन, बेचैनी, दुख या निराशा से भरा हुआ है? जैसे हर इमोजी का एक अलग नाम और भाव होता है, वैसे ही हमारे भीतर भी अलग-अलग भावनात्मक अवस्थाएँ होती हैं। इसलिए अपने **इनर स्माइल** को देखें और उसे जागृत करें - वही आपकी वास्तविक, शांत और साक्षी अवस्था है।

5. सेवा भाव

सेवा केवल दान या चैरिटी का नाम नहीं है। **सेवा का अर्थ यह नहीं है कि मुझे क्या मिलेगा, बल्कि यह है कि मैं क्या दे सकता हूँ, मैं कैसे योगदान कर सकता हूँ। यह एक सोच का परिवर्तन है - 'मुझे क्या मिलेगा' से 'मैं क्या दे सकता हूँ' की ओर।** यदि मैं यहाँ बैठा हूँ तो मैं क्या योगदान दे रहा हूँ? अगर मैं बोल रहा हूँ, चल रहा हूँ, कहीं जा रहा हूँ तो मैं कैसे योगदान कर सकता हूँ?

यह सोच कि "मुझे कितना लाभ होगा" से हटकर "मैं कैसे दे सकता हूँ" की ओर जाना ही वास्तविक सेवा है क्योंकि देने में ही पाना है, देने में ही उपलब्धि है। जब हम बाँटते हैं, तभी हम दिव्यता के करीब आते हैं। इसलिए सेवा केवल कर्म नहीं है, बल्कि एक **मनःस्थिति** है। यह भावना कि मैं यहाँ सेवा करने के लिए हूँ, सहयोग करने के लिए हूँ, प्रेरणा देने के लिए हूँ और दूसरों को आगे बढ़ाने के लिए रचनात्मक सुझाव देने के लिए हूँ। मैं यहाँ आलोचना करने, डांटने या किसी को छोटा दिखाने के लिए नहीं हूँ, बल्कि उन्हें ऊपर उठाने के लिए हूँ। **बोलने में भी मैं सीखता हूँ, सुनने में भी मैं सीखता हूँ - मैं एक शाश्वत विद्यार्थी हूँ।** यही वह मनोवृत्ति है।

शांतिवन में एक भाई ने अपना अनुभव साझा किया। वे बहुत शिक्षित थे, उन्होंने बताया कि जब वे 1990 के दशक में दादी प्रकाशमणि जी के पास आए तो उन्हें बहुत साधारण सेवा दी गई - भोजन परोसने की। उन्होंने उसे प्रेम से स्वीकार किया और आज तक वही सेवा कर रहे हैं। लोगों ने उनसे पूछा - आप इतने पढ़े-लिखे हैं, फिर भी यह छोटा काम क्यों? आपको तो बड़ी सेवा करनी चाहिए, भाषण देने चाहिए।

उन्होंने कहा - मेरा सपना था कि मैं रोज़ दादीजी को देख सकूँ और इस सेवा के माध्यम से मैं उन्हें प्रतिदिन देख पाता हूँ। जहाँ बड़े-बड़े लोग केवल एक क्षण की दृष्टि पाने के लिए आते हैं, वहीं मैं उनके साथ निरंतर रह पाता हूँ - क्या यह मेरा सौभाग्य नहीं है? इस सेवा के माध्यम से मैं उनके निकट रहता हूँ और उनके उस अद्भुत "फैक्टर X" को अनुभव करता हूँ। कुछ ऐसा जो शब्दों से परे है; एक आध्यात्मिक आकर्षण, एक चुंबकीय शक्ति, एक दिव्य करिश्मा। वे सभी के लिए समान थीं, उनकी दृष्टि में कोई भेदभाव नहीं था, हर व्यक्ति उनके लिए समान था। इसलिए

- **पहला और सबसे महत्वपूर्ण कदम है - वर्तमान क्षण में आना।** अतीत को छोड़ देना। इसी क्षण में जीना, सीखना और अनुभव करना ही सच्ची साधना है। भविष्य को छोड़ दें, इस क्षण, अभी।

- **दूसरा है अपने आप को याद दिलाना** - मैं यह क्यों कर रहा हूँ? मेरा उद्देश्य क्या है?

- **तीसरा है स्वयं की जाँच** - अपने भीतर देखें। **इनर स्माइल कभी खोनी नहीं चाहिए।** यह बाहरी हँसी नहीं है, बल्कि एक आध्यात्मिक मुस्कान है - दिव्य मुस्कान। यह प्रसन्नता की अवस्था है, खुशी की अवस्था है, संतोष की अवस्था है - गहरी तृप्ति की स्थिति। उर्दू में इसे "मुतमइन" कहते हैं - अंदर से पूर्ण संतुष्टि, संतोष।

- **अंत में आप जो भी करें, लेकिन आपकी मनोवृत्ति सेवा की हो।** मैं यहाँ सेवा करने के लिए हूँ, न कि केवल सिखाने के लिए "यह करो, वह करो।" यह उपदेश देने की बात नहीं है, बल्कि एक प्रेमपूर्ण दृष्टिकोण है। मैं यहाँ सीखने के लिए हूँ। अगर यहाँ 100 लोग बैठे हैं तो ये 100 मेरे गुरु हैं। मैं उनसे सीखता हूँ, उनसे प्रेरणा लेता हूँ और साथ ही, मैं वही करता हूँ जो मेरी अंतरात्मा मुझे सही लगता है। मैं ईश्वर से प्रेरणा लेता हूँ, लेकिन ये लोग भी मेरे शिक्षक हैं।

Notes :

DAY 12

एक व्यक्ति बड़ी उत्सुकता से एक खबर सुनाना चाहता था, लेकिन वह कुछ कह पाता उससे पहले ही सुकरात ने उसे रोकते हुए कहा, "रुको, तुम मुझे जो खबर बताने वाले हो, उसके पहले मुझे तीन फ़िल्टर परीक्षण लागू करने होंगे।" वह एक दिलचस्प, रोचक खबर थी लेकिन सुकरात ने कहा, "बताने से पहले मुझे तीन परीक्षण करने होंगे।

पहला- जो खबर तुम मुझे बताने जा रहे हो, क्या वह सच है?" उस व्यक्ति ने कहा, "मुझे पक्का नहीं पता, मैंने कहीं से सुनी है।" सुकरात ने कहा, "तो तुम निश्चित नहीं हो कि यह खबर सच है या झूठ।" "दूसरा परीक्षण करते हैं - क्या यह अच्छी खबर है या बुरी? क्या इससे मुझे कोई लाभ होगा?" उस व्यक्ति ने कहा, "नहीं, बल्कि इसके विपरीत है।" सुकरात ने कहा, "तो ठहरो, मुझे यह खबर मत बताओ।

अब तीसरा परीक्षण करते हैं - क्या यह मेरे लिए उपयोगी है? अगर मैं यह सुनूँ, तो क्या यह मेरे किसी काम आएगी?" उस व्यक्ति ने कहा, "नहीं, यह खास उपयोगी भी नहीं है।" तब सुकरात ने कहा, "फिर मुझे यह खबर मत बताओ। **मुझे ऐसी बातों में कोई रुचि नहीं है, जो न तो सत्य हों, न अच्छी हों और न ही उपयोगी।" इसे ही 'ट्रिपल फ़िल्टर टेस्ट' कहा जाता है।**

जो कुछ भी हम सुनते हैं, उस पर ये तीन परीक्षण लागू करें - पहला, क्या यह सच है या झूठ? क्योंकि अधिकतर रोचक खबरें, चटपटी बातें और गपशप अक्सर सत्य नहीं होतीं। वे सिर्फ अफवाहें होती हैं, जो हमने किसी से सुनी होती हैं।

दूसरा परीक्षण यह है - क्या यह मेरे लिए कोई अच्छा करेगा? यदि मैं अपने मन को अनावश्यक, व्यर्थ और नकारात्मक बातों से भर दूँ, ऐसी नकारात्मक खबरों से तो अपने आप मेरी भावनाएँ, मेरे एहसास और मेरे विचार उसी दिशा में चलने लगेंगे। तीसरा है - क्या यह उपयोगी है? इस खबर की उपयोगिता क्या है? इस जानकारी का क्या लाभ है?

इस दुनिया में बहुत सी चीजें हैं जिन्हें हमें सीखना चाहिए, लेकिन एक व्यक्ति सब कुछ नहीं सीख सकता। यदि मैं 10 कोर्स एक साथ करूँ, तो शायद मैं किसी एक में भी पूर्णता हासिल

नहीं कर पाऊँगा। **हर व्यक्ति को एक विशेष कार्य दिया गया है। आप हर चीज़ में विशेष नहीं बन सकते। आप हर विषय में पूर्णता, कौशल या महारत हासिल नहीं कर सकते। हर इंसान में कोई न कोई विशेषता होती है, लेकिन अगर मैं सोचूँ कि मुझे हर विषय में माहिर बनना है, हर कला सीखनी है, तो क्या होगा?** मैं दवा (मेडिसिन) भी सीखना चाहता हूँ, इंजीनियरिंग भी, कानून भी, आईटी भी - हर क्षेत्र का ज्ञान चाहिए। मुझे बागवानी भी सीखनी है, यह भी, वह भी; सब कुछ सीखना है। इससे क्या होगा? **यह चिंता और अशांति पैदा करेगा।** मुझे क्या सीखना है, इसका भी मुझे चयन (फिल्टर) करना होगा। मुझे निर्णय लेना होगा, सोचना होगा। इसलिए सबसे महत्वपूर्ण चीज़ है - यह फ़िल्टर करना, चयन करना।

तो आज हम 5 नए हैक्स, टिप्स, ट्रिक्स या तकनीकों के बारे में जानेंगे; आप उन्हें जो भी कहना चाहें।

1. दिव्य समन्वय/ ईश्वरीय तालमेल (डिवाइन अलाइनमेंट) के लिए स्वमान एक्टिवेशन

स्वमान क्या है? स्वमान का अर्थ है - आत्मिक स्वाभिमान (स्पिरिचुअल सेल्फ-रिस्पेक्ट)। स्वमान का अर्थ है - उच्च चेतना। कल्पना कीजिए एक बच्चे की, एक परिवार में। उसकी माँ का देहांत हो गया है और पिता ने उसे किसी और की देखरेख में छोड़ दिया है और पिता चला गया और उसने उस बच्चे से कभी संपर्क नहीं किया।

अब वह बच्चा अत्याचार, दुर्व्यवहार और उपेक्षा का शिकार होता है। सभी लोग उसके साथ एक नौकर की तरह व्यवहार करते हैं। उस बच्चे को अच्छी शिक्षा नहीं मिलती। परिवार में और भी बच्चे हैं, जो रिश्तेदार हैं, लेकिन उस बच्चे का पिता उसके साथ नहीं है। अब वह बच्चा शोषित और आघातग्रस्त हो जाता है। **वर्षों के अत्याचार और आघात से कैसा व्यक्तित्व बनता है? एक ऐसा व्यक्तित्व जो आत्म-संदेह से भरा होता है, आत्मविश्वास की कमी होती है, डरपोक और संकोची होता है।** कोई भी आकर उस पर चिल्ला देता है। उसमें पहल करने की क्षमता नहीं होती। एक बहुत ही आघातपूर्ण बचपन एक विक्षुब्ध व्यक्तित्व पैदा करता है।

स्वमान इन सबका बिल्कुल विपरीत है। **स्वमान है - आत्मविश्वास, स्वमान है - स्व-मूल्य, स्वमान है - अपने आप को महत्व देना, स्वमान है - FLY (फर्स्ट लव योर सेल्फ) अर्थात**

सबसे पहले स्वयं से प्रेम करना। स्वमान हीन भावना का विपरीत है। यह आत्म-संदेह का अंत है। यह उच्च चेतना है। यह आत्म-सम्मान है। यह है स्वयं से प्रेम करना, स्वयं का सम्मान करना, स्वयं को समझना, और अपने मूल, ऑरिजिनल स्वरूप में लौटना। हमें इस स्वमान को जागृत करना है।

मैं कौन हूँ? मैं एक महान आत्मा हूँ। मैं एक आध्यात्मिक आत्मा हूँ। मैं एक प्रकाश बिंदु हूँ। मैं सबसे समृद्ध हूँ, मैं सबसे ऊँचा हूँ, मैं सबसे पवित्र हूँ। मैं यहाँ एक प्रेरक, एक प्रेरणादायक आत्मा के रूप में आया हूँ। मैं यहाँ दुखी और दबे-कुचले लोगों का उत्थान करने के लिए हूँ। मैं यहाँ निराश और भटकी हुई आत्माओं को प्रेरित करने के लिए हूँ। मैं प्रकाशस्तंभ (लाइटहाउस) हूँ। मैं माइटहाउस हूँ। मैं पावरहाउस हूँ।

मैं एक देवदूत (एंजेलिक बीइंग) की तरह चलता हूँ। जब लोग बंधनों में फँसे होते हैं, कैद में होते हैं, तब मैं उन्हें उनकी गुलामी से मुक्त करने के लिए यहाँ हूँ। **यह गुलामी है - देह-अभिमान की, भूख की, स्वाद की, इंद्रियों के सुख की और इंद्रिय-तृप्ति की।** उन्हें इंद्रियों के सुख के अलावा किसी और खुशी का ज्ञान ही नहीं है। मैं यहाँ उन्हें एक मार्ग दिखाने के लिए हूँ। मैं यहाँ उन्हें एक नई दुनिया के बारे में बताने के लिए हूँ। मैं यहाँ उन्हें दिखाने, मार्गदर्शन करने, प्रेरित करने और जागृत करने के लिए हूँ ताकि उन्हें सुस्ती, जड़ता, नशे जैसी स्थिति और आध्यात्मिक कोमा के दलदल से बाहर निकाल सकूँ। वे भटके हुए हैं।

जब आप ऐसे ऊँचे और महान विचारों का सृजन करते हैं, तो अपने आप आपके विचार, आपकी भावनाएँ - सब कुछ एक दिशा में संरेखित हो जाता है। आप हीन भावना से मुक्त हो जाते हैं। आप सभी नकारात्मकताओं से मुक्त हो जाते हैं। और **बाबा कहते हैं यह देह-अभिमान को तोड़ने का सबसे शक्तिशाली हथियार है।** यह अहंकार नहीं है। यह आत्मा से जुड़ी हुई अवस्था है। जैसे ही मैं एक ऊँचा विचार उत्पन्न करता हूँ, मैं इस शरीर का स्वामी बन जाता हूँ। मैंने स्वयं पर विजय पा ली है। मैं अपनी भावनाओं का स्वामी हूँ। मैं अपनी भूख, प्यास और स्वाद का स्वामी हूँ। माया का मुझ पर कोई अधिकार नहीं है। मैंने स्वयं को गुलामी से मुक्त कर लिया है और अब मैं स्वराज में चलता हूँ। यह एक यात्रा है। यह एक उल्टी तीर्थयात्रा है- हज। उल्टी तीर्थयात्रा। अशुद्ध से शुद्ध की ओर। भिखारी से राजा की ओर। पतन से दिव्यता की ओर।

1. स्वमान को सक्रिय करना और हम कैसे सक्रिय करते हैं?

सुबह के पहले विचार के रूप में स्वमान का निर्माण करके। **हम स्वमान को कैसे सक्रिय करते हैं? इसे कई बार दोहराकर।** हम स्वमान को कैसे सक्रिय करते हैं? **इसे कई बार लिखकर।** हम स्वमान को कैसे सक्रिय करते हैं? **इसे कई बार बोलकर।** हम स्वमान को कैसे सक्रिय करते हैं? **कल्पना के द्वारा।** हम स्वमान को कैसे सक्रिय करते हैं? **सकारात्मक संकल्पों के द्वारा।** हम स्वमान को कैसे सक्रिय करते हैं? **उस स्वमान का मंथन करके, उस पर विचार करके।** हम स्वमान को कैसे सक्रिय करते हैं? **उस स्वमान को व्यवहारिक जीवन में लागू करके।** यदि मैं एक ऊँची आत्मा हूँ, तो मैं ऐसा असंसदीय कार्य कैसे कर सकता हूँ? एक साधारण कार्य। नहीं।

मेरे कर्म दिव्य हैं। मेरे कर्म गरिमापूर्ण हैं। मेरे कर्म शाही भाव से भरे हुए हैं। मैं असत्य नहीं बोल सकता। मैं किसी को आहत नहीं कर सकता। यह मेरे और मेरे सिद्धांतों के विरुद्ध है। तो स्वमान को सक्रिय करें। इसे सक्रिय करने के तरीकों को खोजें। इसे सही दिशा में प्रवाहित करें। स्वमान सुप्त अवस्था में पड़ा हुआ है। उसे धक्का चाहिए। उसे अग्नि चाहिए। उसे सक्रियता चाहिए।

2. विचारों को फ़िल्टर करने की तकनीक

असंख्य विचार मन में उत्पन्न होते हैं लेकिन किसे प्रवेश देना है, यह मेरे हाथ में है। मैं ही निर्णय लेने वाला हूँ। मैं ही स्वामी हूँ। यदि सौ विचार आते हैं, तो मैं निर्णय करूँगा कि किन्हें अंदर प्रवेश देना है। मैं अपने मन का चौकीदार हूँ। मैं खड़ा रहता हूँ। मैं हर किसी को अंदर जाने की अनुमति नहीं देता। मैं एक सख्त चौकीदार हूँ। मैं निर्णय करता हूँ। मैं परखता हूँ। मैं तीन फ़िल्टर परीक्षण लागू करता हूँ। क्या यह सत्य है? तब अनुमति दूँगा। यदि यह असत्य है, तो निकल जाओ। बाहर जाओ। यदि यह मेरे लिए अच्छा कर रहा है, तो मैं अनुमति दूँगा। अन्यथा, बाहर जाओ।

यदि यह नकारात्मक है, यह डर पैदा करने वाला है। यदि यह व्यर्थ है, तो मुझे दूसरों से क्या लेना-देना? मेरा दूसरों से और उनके बारे में जानने से कोई संबंध नहीं है। कोई आता है और

कहता है, क्या आपने सुना? इस बहन का ट्रांसफर हो गया। इस भाई को विभाग से निकाल दिया गया। क्या इससे मुझे कोई लाभ हो रहा है? नहीं। क्या यह उपयोगी है? नहीं। ट्रिपल फ़िल्टर टेस्ट लागू करो और **बाहर निकाल दो- ऐसे सभी बेकार, निरर्थक, मूल्यहीन, अनावश्यक, परेशान करने वाले और ध्यान भटकाने वाले विचारों को।** यह दूसरा है।

3. दृश्य स्वीकृति स्विच (सीन एक्सेप्टेंस स्विच)

यह एक सुंदर नाटक है। अप्रत्याशित दृश्य अचानक आते हैं और मैं विचलित हो जाता हूँ। यह व्यक्ति ऐसा क्यों कर रहा है? यह बहन ऐसा क्यों कर रही है? वह भाई ऐसा क्यों कर रहा है? मेरे मन में बहुत से प्रश्न उठते हैं - मैं बीमार क्यों हूँ? यह अचानक बीमारी क्यों आई? मैं हमेशा भ्रमित रहता हूँ, दो मनों में बँटा रहता हूँ। हमेशा दुविधा में रहता हूँ। ऐसे लोग होते हैं जो हमेशा भ्रमित रहते हैं। वे दस साल पहले भी भ्रमित थे। वे अब भी भ्रमित हैं। पाँच साल पहले भी उनके वही प्रश्न थे और यदि आप उन्हें आज मिलें, तो उनके पास आज भी वही प्रश्न हैं।

अमृतवेला को शक्तिशाली कैसे बनाया जाए? स्थिति (स्टेज) को स्थिर कैसे रखा जाए? उनके पास प्रश्नों का एक समूह है और वे इधर-उधर घूमकर सब से वही प्रश्न पूछते रहते हैं और उन्हें उत्तरों में कोई विशेष रुचि नहीं होती। उन्हें केवल प्रश्न पूछने में रुचि होती है, क्योंकि इससे उन्हें एक प्रकार की खुशी का अनुभव होता है। इस नाटक के दृश्यों को स्वीकार करें।

आज की अव्यक्त मुरली में बाबा ने कहा - माया आएगी, लेकिन जानो कि यह एक मिकी माउस है। आप जानते हैं मिकी माउस कौन है? मिकी माउस - लाल शॉर्ट्स, बड़े जूते और सफेद दस्ताने वाला एक चूहा। यह एक चरित्र था जिसे वॉल्ट डिज़्नी ने 1928 में बनाया था। तो बाबा ने कहा, जब आप मिकी माउस को देखते हैं, तो आपको डर नहीं लगता। वह आपके लिए मनोरंजन होता है तो इस नाटक के नए दृश्य क्या हैं? मिकी माउस। मिकी माउस के कुछ मित्र भी हैं और एक प्रतिद्वंद्वी भी है और मिकी माउस और उसके प्रतिद्वंद्वियों के बीच हमेशा संघर्ष चलता रहता है लेकिन हर बार मिकी माउस विजयी होकर उभरता है।

मिकी माउस की कहानी एक साधारण व्यक्ति की कहानी है, जो जीवन की अप्रत्याशित चुनौतियों का सामना करता है और फिर भी हर बार विजयी बनकर निकलता

है।

तो बाबा ने कहा, ये सब मिकी माउस के कार्टून शो की तरह हैं। कोई आता है और कुछ कहता है। कोई आता है और आपकी आलोचना करता है। कोई आपको परेशान करता है। कोई आपका ध्यान भंग करता है। कोई आपका मज़ाक उड़ाता है। कोई आपका विरोध करता है। यह सब विरोध, यह सब आलोचना, यह सब दोषारोपण और यह सब निंदा। वे क्या हैं? वे इस संसार की असीमित स्क्रीन पर चलने वाले कार्टून शो के विभिन्न दृश्य हैं। इसलिए बाबा मिकी माउस को याद करते हैं। इस चरित्र को बनाने के लिए वॉल्ट डिज़्नी का धन्यवाद।

तो जीवन के दृश्यों का आनंद लें। विरोध दुःख है। स्वीकृति शांति लाती है। मैं स्वीकार करता हूँ। लोग ऐसे ही हैं। मैं स्वीकार करता हूँ। यह उनका पार्ट है। मैं यहाँ उन्हें बदलने के लिए नहीं हूँ। मैं यहाँ उनसे लड़ने के लिए नहीं हूँ। मैं यहाँ विरोध करने के लिए नहीं हूँ। मैं यहाँ आगे बढ़ने के लिए हूँ, सहज रूप से बहने के लिए हूँ। मैं एक बहती हुई नदी हूँ। मेरा लक्ष्य ये गाँव नहीं हैं। मेरा लक्ष्य ये पहाड़ नहीं हैं। मेरा लक्ष्य वह सागर है, जो मेरा इंतज़ार कर रहा है। मुझे उस सागर में जाकर मिलना है। वह सागर मेरे जीवन का प्रेम है।

ये लोग, ये गाँव, ये चट्टानें, यह रेत, बीच में रेगिस्तान आता है। मैं एक नदी हूँ और सामने एक रेगिस्तान है। रेगिस्तान मुझे पीने और समाप्त करने की कोशिश करता है। फिर भी मैं अपना रास्ता खोज लेता हूँ। एक पहाड़ सामने खड़ा है, मैं अपना रास्ता निकाल लेता हूँ क्योंकि मेरा लक्ष्य पहाड़ नहीं है। मेरा लक्ष्य सागर है। मैं जीवन की नदी हूँ और मुझे जीवन के सागर से मिलना है। मैं प्रेमी हूँ और मेरा प्रिय मेरा इंतज़ार कर रहा है और मैं तब तक नहीं रुकूँगा जब तक मैं उससे मिल नहीं लेता। मेरा लक्ष्य उसमें विलीन हो जाना है। मेरा लक्ष्य उसमें समा जाना है। मेरा लक्ष्य उसमें मिलकर उसके साथ एक हो जाना है। ये सब विचलन कुछ भी नहीं हैं। मुझे इनकी परवाह नहीं है। मुझे केवल अपने लक्ष्य की परवाह है।

4. अमृतवेला इम्प्रिंट विधि

अमृतवेला का पहला घंटा बहुत शक्तिशाली होता है। **यदि आपको जीवन के कुछ महत्वपूर्ण निर्णय लेने हैं तो सबसे महत्वपूर्ण समय अमृतवेला है। अमृतवेला में मन सबसे**

अधिक ग्रहणशील अवस्था में होता है। यह प्रोग्राम किया जा सकता है। आप जागते हैं और अमृतवेला शुरू करने से पहले, उस पहले घंटे में कुछ बहुत ही ऊँचा और प्रेरणादायक पढ़ें। मान लीजिए आप आहार पर काम कर रहे हैं, तो उस पहले घंटे में पढ़ें कि मुझे क्या खाना चाहिए। यदि आपको कोई क्लास देनी है, तो उस पहले घंटे में उसी विषय के बारे में पढ़ें और यह आपके अवचेतन में बहुत गहराई तक चला जाएगा। बहुत-बहुत गहराई तक।

कल की अव्यक्त मुरली या साकार मुरली; अत्यंत शक्तिशाली होती है। हर एक पंक्ति। बाबा ने कहा, भीतर जाओ और फिर देखो क्या होता है। अंतर्मुखी बनो। तो यह एक घंटा बहुत शक्तिशाली है। अमृतवेला एक इम्प्रिंट विधि है। यदि आप व्यायाम करना चाहते हैं और नहीं कर पा रहे हैं, तो उठते ही सबसे पहले व्यायाम के लाभों के बारे में पढ़ें और फिर देखिए क्या होता है। दिन का पहला घंटा - एक घंटे का नियम। उसके बारे में पढ़ें, उसके बारे में सोचें। और फिर वह व्यवहार में आ जाएगा।

5. मुरली स्मरण अभ्यास

यह बहुत शक्तिशाली है। आप मुरली पढ़ते हैं, लेकिन फिर उसे भूलें नहीं। पूरे दिन उसे बार-बार याद करते रहें। आज की अव्यक्त मुरली में बाबा ने कहा, वरदान सभी को दिया गया है, लेकिन केवल कुछ ही उसे फलित करते हैं। केवल कुछ ही उस पर काम करते हैं। अन्यथा, सभी को वरदान मिला हुआ है।

भगवान एक है। उसने सभी को वरदान दिया है। वह सभी से प्रेम करता है। फिर भी, सभी एक जैसे नहीं हैं। कुछ लोग उस वरदान पर मेहनत करते हैं और उसे व्यवहारिक बनाते हैं। यही करना है। इसलिए मुरली के बिंदुओं को बार-बार याद करते रहें। मुरली से 4-5 बिंदु लें और उन्हें बार-बार दोहराते रहें। उन्हें कई बार लिखें। जब आप लिखते हैं, जब आप याद करते हैं, जब आप सोचते हैं, तो उद्देश्य यह है कि वे बिंदु मस्तिष्क और अवचेतन मन में गहराई से अंकित हो जाएँ। क्योंकि हमारा अवचेतन मन देह-अभिमान से जुड़े दुखों, देह-अभिमान वाले संबंधों, देह-अभिमान वाली यादों, देह-अभिमान वाले आकर्षण और हर प्रकार की देह-अभिमान से भरी बातों से भरा हुआ है।

आज की अव्यक्त मुरली में बाबा ने कहा - दो चीजें: **संपत्ति और संबंध**। सब कुछ उन्हीं से प्राप्त करो। सभी संबंध उनसे रखो और सारी संपत्ति उनसे लो। सारी समृद्धि उन्हीं से प्रवाहित होती है। वरदान में भी बाबा ने कहा-"**हाथ साथ**"। मान लीजिए, आपके पास कोई नहीं है और कोई आकर आपका सहारा बन जाता है। एक भिखारी है, जो पिछले 30 वर्षों से सड़क पर भीख माँग रहा है। उसका कोई नहीं है। वह लकवाग्रस्त है और फिर, एक दिन कोई आता है और कहता है, "अरे, तुम आओ। मेरा कोई बच्चा नहीं है। मैं तुम्हें गोद लेता हूँ।" और एक ही रात में वह करोड़पति बन जाता है। वह अब एक अलग व्यक्ति बन जाता है।

इसी तरह, द्वापरयुग से हम इस यात्रा में कंगाल और गरीब बन गए और फिर, अचानक भगवान आते हैं, वे हाथ पकड़ते हैं और उठाते हैं-"आओ।" वे तुम्हें एक नया नाम देते हैं। वे तुम्हें नया नाम, नया घर, नई संपत्ति, सब कुछ नया देते हैं। तो यह यात्रा पूरी तरह उलट जाती है- 360 डिग्री का परिवर्तन। एक यू-टर्न।

तो ये हैं वे 5 ट्रिक्स :-

- **पहला, स्वमान को सक्रिय करना।** हम स्वमान को कैसे सक्रिय करते हैं? लिखकर, दोहराकर, कल्पना करके, सकारात्मक संकल्पों द्वारा, सोचकर, मंथन करके, चर्चा करके और उसे वास्तविक जीवन की परिस्थितियों में प्रयोग करके। आप उदास महसूस कर रहे हैं। अचानक आप इंटरव्यू में जाते हैं, आप असफल हो जाते हैं। अब स्वमान को उत्पन्न करें। स्वमान को याद करें। पहला है स्वमान सक्रियण।
- **दूसरा है, फ़िल्टरिंग तकनीक।** फ़िल्टर करें। विचार आ रहे हैं, लेकिन मैं तय करता हूँ कि कौन अंदर जाएगा और कौन नहीं जाएगा। इसलिए विचार फ़िल्टरिंग तकनीक।
- **तीसरा है मैं इन दृश्यों को स्वीकार करता हूँ।** मैं जानता हूँ कि ये असहज दृश्य हैं। मैं चाहता हूँ कि 10 लोग मेरे जीवन में न हों लेकिन वे यह सुनिश्चित करते हैं कि वे मुझे हर दिन मिलें। मैं नहीं चाहता कि एक व्यक्ति मेरे आसपास रहे, लेकिन वह व्यक्ति यह सुनिश्चित करता है कि वह मेरे सामने आए। तो मुझे कलाकारों को, दृश्यों को और परिस्थितियों को स्वीकार करना है।

- **अगला है - अमृतवेला इम्प्रिंट।** यदि आप किसी भी चीज़ में सफल नहीं हो पा रहे हैं - व्यायाम, भोजन, डाइट, वजन कम करना, बीमारी, स्वास्थ्य या कोई खेल; तो सबसे महत्वपूर्ण है अमृतवेला में उस पर काम करना। अमृतवेला में उस बिंदु के बारे में सोचें और वह वास्तविकता बन जाएगा।

- **अगला, अंतिम है-मुरली रिकॉल।** मुरली रिकॉल क्या है? मुरली से छोटी-छोटी पंक्तियाँ लेना। उदाहरण के लिए, आज की मुरली से एक लाइन लें, बस इतना ही और उसे याद करने की कोशिश करें। बस 2-3 **रैंडम** पंक्तियाँ चुन लें- मिकी माउस, माया, संतुष्टमणि - संतुष्टमणि बनने के क्या-क्या तत्व हैं—1, 2, 3, 4, 5, 6, 7, 8। उन 7-8 बिंदुओं को अलग-अलग कागज़ पर लिखें। उस कागज़ को अपनी जेब में रखें। बाहर जाएँ, किसी पेड़ के नीचे बैठें, उसे खोलें, पढ़ें और फिर रख दें। फिर दोबारा जाएँ, पढ़ें और फिर से लिखें।

इसी तरह हम इन बातों को मस्तिष्क में अंकित करते हैं। इसलिए मुरली पढ़ना कोई उबाऊ और बिना रुचि का कार्य नहीं बनना चाहिए। यह आनंद और रुचि का विषय बनना चाहिए। आप बिंदु निकालें, सोचें, फिर आएँ, फिर जाएँ, फिर आएँ - बार-बार मुरली के पास आते-जाते रहें। इसे **मुरली रिएक्टिवेशन** कहा जाता है, केवल पढ़ने का कार्य नहीं। **यह एक जीवंत अनुभव बनना चाहिए। हमें मुरली को केवल पढ़ना नहीं है, हमें स्वयं मुरली बनना है।**

Notes :

DAY 13

दो मित्र बहुत लंबे समय बाद मिले। वास्तव में बहुत पहले वे उसी नाजी शिविर में साथ थे, जहाँ उन्हें यातनाएँ दी गई थीं। अब कई वर्षों बाद वे दोनों फिर से एक-दूसरे से मिल रहे थे। उनमें से एक मित्र ने कहा, "मैं आज भी उन दिनों को नहीं भूल सकता; वे अत्याचार, नाजियों का वह क्रूर व्यवहार। मैं अब भी उन लोगों के प्रति इतनी नफरत अपने भीतर लिए हुए हूँ, जो हमने उस कैद के समय सहा।" दूसरे मित्र ने कहा, "ओह, मैं समझ गया; तुम अभी भी उसी शिविर में हो। वे अभी भी तुम्हें यातना दे रहे हैं।" तो **यह मानसिक स्थिति है - परिस्थिति तो आकर चली गई, लेकिन व्यक्ति अब भी अतीत में जी रहा है। यातना की पुरानी यादें, दर्द की स्मृतियाँ** और उन समयों में अनुभव किया गया **गहरा कष्ट** आज भी उसके मन की सतह पर गूंज रहा है।

यह एक अहश्य जेल है, हमारे अपने भावनाओं का कारावास, एक कैद। हम अपने ही संस्कारों के कैदी हैं। सबसे बड़ा शत्रु कौन है? कोई बाहर वाला नहीं, कोई बाहरी व्यक्ति नहीं, बल्कि हमारे अपने संस्कार। वे हमारे पास आते हैं, एक बिना बुलाए मित्र की तरह, हमें धक्का देते हैं और फिर गायब हो जाते हैं और फिर हम गिर जाते हैं, यह सोचकर कि यही भाग्य है। **इस ब्राह्मण जीवन का वास्तविक लक्ष्य है अपने मूल संस्कारों में वापस आना, जो मैं नहीं हूँ उसे छोड़ देना।**

यह भीतर की यात्रा है और यह ऊपर की यात्रा है। जितना आप अपने भीतर गहराई में जाते हैं, उतना ही आप ऊपर उठते हैं। उड़ान गहराई के समानुपाती है, उत्थान सीधे-सीधे गहराई के अनुपात में है। यदि आपको ऊपर उठना है तो भीतर जाएँ। आत्मा की उड़ान की कल्पना करें; देखें कि आत्मा ऊपर, और ऊपर, और ऊपर जा रही है, जितना हम इसका अभ्यास करते हैं, उतना ही शरीर और त्वचा के बंधन हमें बाँध नहीं पाते।

तो आज हम कुछ नए अभ्यास देखेंगे, दिव्य सरेखण (डिवाइन एलाइनमेंट) बनाने के लिए, जिससे मन दिव्य तरंगों के साथ तालमेल में आ जाए।

1. मौन सेवा की आदत

सेवा कोई प्रदर्शन नहीं है, यह आंतरिक समर्पण है। भाषण कैसा था? भाषण उत्कृष्ट था। मैंने बहुत अच्छा बोला। क्या यह एक प्रदर्शन है, जिसे प्रशंसा, मान्यता, पहचान और प्रचार की आवश्यकता है? सेवा इन सब से परे है। जब यह सारी मान्यता और पहचान की इच्छा समाप्त हो जाती है, तब वास्तविक सेवा शुरू होती है, जहाँ आप एक माध्यम बन जाते हैं, जहाँ आप दिव्यता के एक चैनल बन जाते हैं। **सेवा समर्पण की बाहरी अभिव्यक्ति है। सेवा उस समर्पण की सुगंध का प्रसार है, जो हृदय के भीतर है।** इसका दिखावे से कोई संबंध नहीं है। इसका प्रदर्शन या प्रदर्शनी से कोई लेना-देना नहीं है। **यह मौन है, अदृश्य है, फिर भी स्पष्ट रूप से प्रभावशाली है। इसका प्रभाव नकारा नहीं जा सकता**; मौन सेवा की आदत।

हम सेवा कैसे करें? आप चलते हैं और लोगों को देखते हैं, बस उन्हें शुभकामनाएँ दें, बिना कुछ कहे, बिना एक शब्द बोले। आप किसी कठिन व्यक्ति को देखते हैं, जो शायद भीतर से संघर्ष कर रहा है, बस उसे शांति की एक तरंग भेज दें। **मौन सेवा आँखों के माध्यम से होती है, संकल्पों के माध्यम से होती है, उपस्थिति के माध्यम से होती है, शब्दों से नहीं। मौन सेवा है - दिव्यता का माध्यम बनना, दिव्यता का साधन बनना, आध्यात्मिकता का माध्यम बनना।** यह सीमित नहीं है, यह असीमित है।

आप एक प्रयोग कर सकते हैं। एक कागज़ का पन्ना लें, अभी कर सकते हैं, अपनी डायरी खोलें। यह पन्ना है। यहाँ एक बिंदु लगाएँ और सोचें - मैं यह हूँ और मैं विश्व-सेवक हूँ और यह संसार है। संसार की रचना करें, लेकिन कोई सीमाएँ न हों - न भारत, न पाकिस्तान, न ईरान, न अमेरिका, न अफ्रीका। एक बिना सीमा का नक्शा। बिना सीमाओं का नक्शा और मैं पूरे विश्व का सेवक हूँ या फिर दूसरे तरीके से मैं पूरे विश्व का स्वामी हूँ। मैं यहाँ हूँ और मैं यहाँ पूरी पृथ्वी की सेवा करने के लिए हूँ; इस ग्लोब की और यह ग्लोब बिना किसी सीमा के है। एक बिना सीमा वाला ग्लोब, एक बिना सीमा वाला नक्शा।

तो सेवक मौन रहे; सेवा करे बिना किसी विज्ञापन के, बिना किसी प्रचार के, बिना किसी पहचान की इच्छा के। **यह एक भूमिगत नदी की तरह हो जो शांति से बह रही है, बिना किसी**

व्यवधान के - एक अंतर्धारा की तरह, एक प्रवाह की तरह, फिर भी सेवा करती हुई। वहाँ कोई बोर्ड नहीं है, कोई लेबल नहीं है, कोई पहचान की इच्छा नहीं है, इसे ही मौन सेवा की आदत कहते हैं।

आप सेवा करते हैं। आप यहाँ बैठते हैं और एक संकल्प बनाते हैं कि जो भी यहाँ बैठा है, उसे शांति प्राप्त हो। हर मनुष्य संघर्ष कर रहा है। हर मनुष्य रावण द्वारा बंधन में लिया गया है। यह दासता से स्वराज की यात्रा है। उन्हें इस गुलामी से मुक्त होने दें। यह गुलामी से स्वतंत्रता की यात्रा है। यह एक उल्टी तीर्थयात्रा है - रिवर्स हज। यह अशुद्धता से शुद्धता की ओर यात्रा है। यह पतन से दिव्यता की ओर यात्रा है और आप उनके विकास को बढ़ाने के लिए एक उत्प्रेरक बनते हैं।

यह एक शुद्ध संकल्प है। आप अज़ान सुन रहे हैं। भक्त बैठे हैं और अल्लाह, भगवान को याद कर रहे हैं। उनकी प्रार्थना उन तक पहुँचे। मैं यहाँ यह सिखाने के लिए नहीं हूँ कि कौन अल्लाह है और कौन भगवान। उन्हें अपनी यात्रा जारी रखने दें। उनकी प्रार्थनाएँ इतनी शुद्ध हैं - क्या वे शिव तक नहीं पहुँचेंगी? वे अवश्य पहुँचेंगी। उनकी प्रार्थनाएँ पवित्र हैं और वे भी उनके बच्चे हैं। **जो भी कुछ चाहता है, यदि उसकी इच्छा शुद्ध है तो वह पूर्ण हो। यही है मौन सेवा।**

2. परिणाम समर्पण नियम

आप कर्म करें, लेकिन परिणाम को समर्पित कर दें। कोई दावा न रखें, कोई अपेक्षा न रखें। हम बस कर्म कर सकते हैं और भूल सकते हैं। **परिणाम से मेरा कोई लेना-देना नहीं है उसे समर्पित कर दें अन्यथा परिणाम के प्रति आसक्ति चिंता उत्पन्न करती है। समर्पण भीतर एक तनाव-मुक्त वातावरण बनाता है।** जितना अधिक आप सेवा करते हैं, उतनी ही आसक्ति बढ़ने लगती है और हम परिणाम चाहते हैं और जब परिणाम हमारी इच्छा के अनुसार नहीं होते तो हम व्याकुल हो जाते हैं। मन के भीतर एक बेचैनी होती है जो परिणाम चाहती है, लेकिन आध्यात्मिकता समर्पण के बारे में है। आप कर्म करते हैं और समर्पित कर देते हैं, आप सेवा करते हैं और समर्पित कर देते हैं।

यह समर्पण का कार्य एक गहरी शांति और विश्रांति का अनुभव कराता है। मैंने जो

संभव था, वह किया, अब जो भी परिणाम आए 'अच्छा या बुरा' मैं उसे स्वीकार करता हूँ, इसे एक नियम बना लें। दिन-रात मेहनत करें, लेकिन जब परिणाम की बात आए तो उसे समर्पित कर दें, अन्यथा आप हमेशा अपूर्णता की स्थिति में बने रहते हैं।

किशोरों में इतने अधिक आत्महत्याएँ क्यों होती हैं? क्योंकि वे असफलता को स्वीकार नहीं कर पाते, वे प्रथम स्थान चाहते हैं और यदि वे असफल हो जाते हैं तो उसे स्वीकार नहीं कर पाते। आज के किशोर बहुत सूक्ष्म, बहुत जिद्दी, बहुत तेज और बहुत बुद्धिमान होते हैं। आज की पीढ़ी बहुत तेज है, स्कूल जाने वाले सभी बच्चे अत्यंत तेज हैं, वे वैसे नहीं हैं जैसे हम अपने स्कूल के समय में थे। उनके पास हर प्रकार की पहुँच है, उन्हें सब कुछ पता है, उनके पास सारी जानकारी है, यहाँ तक कि वे जानकारी भी जो उन्हें नहीं होनी चाहिए। इसलिए उनकी अपेक्षाएँ बहुत ऊँची होती हैं, वे प्रथम स्थान चाहते हैं, वे मेरिट चाहते हैं, और यदि परिणाम असफलता के रूप में आता है, तो वे उसे स्वीकार नहीं कर पाते और फिर वे आत्महत्या कर लेते हैं। यही आजकल किशोरों में हो रहा है। सीखें, समर्पण की यह नई आदत बनाएं।

3. अलगाव (सेग्रिगेटिंग)

अलग करना। कल हमने ट्रिपल फ़िल्टर टेस्ट के बारे में देखा था। यह भी एक प्रकार का परीक्षण है - क्या यह विचार शुद्ध है? क्या यह विचार निःस्वार्थ है? क्या यह संकल्प शुद्ध है? फिर ही उसे शुरू करें, तभी उसे प्रवेश दें। अतिक्रमण करने वालों को अनुमति नहीं है। **कोई भी विचार बिना अनुमति के अंदर न आने दें। उन्हें शुद्धता की कसौटी से गुजरने दें। वे मेरे मन के दिव्य मंदिर में प्रवेश नहीं कर सकते।** ये घुसपैठिए ऐसे ही अंदर नहीं आ जाने चाहिए। मैं अपने मन का रक्षक हूँ। मैं अपने आंतरिक मंदिर का चौकीदार हूँ। इसलिए विचारों की जाँच करें। जैसे हवाई अड्डे पर एक स्क्रीनिंग मशीन होती है, वे हर चीज़ की जाँच करते हैं, आपको चेक करते हैं, तब ही अनुमति देते हैं। बेल्ट, जूते, सब कुछ उतरवाते हैं और यदि आपके पास फल काटने के लिए कोई चाकू है तो वह जब्त हो जाता है। वे उसे कितनी सख्ती से कूड़ेदान में फेंक देते हैं।

4. संस्कार परिवर्तन तकनीक (संस्कार शिफ्टिंग टेक्नीक्स)

संस्कार कैसे बनते हैं? दोहराव से। यह एक सरल प्रोग्रामिंग है। आप एक ही चीज़ को

बार-बार दोहराते रहे - वही विचार, वही कल्पना, वही कर्म, वही वाणी। बार-बार दोहराने से एक मानसिक मार्ग बन जाता है और जितना अधिक दोहराते हैं, वह मार्ग उतना ही मजबूत हो जाता है। अब उस संस्कार का क्या करें? क्या उसे छोड़ दें? दबा दें? या उसे सही ठहराएँ? नहीं। उस गहरे जमे हुए संस्कार से कैसे मुक्त हों? इसका एक ही तरीका है - उसे रूपांतरित करना। **संघर्ष मत करें, लड़ाई मत करें, न ही उसे सही ठहराएँ, न ही दबाएँ; बस उसे बदल दें। यदि भय है तो उसे विश्वास में बदल दें। यदि वासना है तो उसे दिव्य मिलन की इच्छा में रूपांतरित कर दें।**

वासना (लस्ट) के पाँच बाण होते हैं। वे क्या हैं? वासना को किस रूप में दिखाया जाता है? कामदेव (क्यूपिड) के रूप में। वह धनुष और बाण के साथ दिखाया जाता है। क्या आपने उसकी तस्वीर देखी है? उसका धनुष गन्ने का बना होता है और उसकी डोरी मधुमक्खियों से बनी होती है। यही कामदेव है और उसके तरकश में पाँच प्रकार के बाण होते हैं। वे कौन से हैं? :-

1. सबसे पहले मोह उत्पन्न होता है।
2. फिर, आप जैसे लकवाग्रस्त हो जाते हैं, जैसे वह व्यक्ति आपके मन में हर समय छाया रहता है।
3. आप उसे हर समय चाहते हैं।
4. फिर उन्माद, उत्साह और उत्तेजना पैदा होती है। आप उस व्यक्ति का स्पर्श चाहते हैं।
5. फिर शोषण, उस व्यक्ति के बिना अब आप सूखने जैसा अनुभव करने लगते हैं।
6. अंतिम है मरण। आप जैसे समाप्त हो जाते हैं।

कभी-कभी एक और अवस्था भी बताई जाती है, अग्नि- तापन भी एक अवस्था है, जिसमें तीव्र आग उत्पन्न होती है।

ये सभी कामदेव के आक्रमण हैं। वह बाण चलाता है और यदि कोई व्यक्ति पवित्रता या ब्रह्मचर्य का पालन कर रहा हो तो वह मोहना, तम्बन जैसे बाण चलाता है। ये उन बाणों के नाम हैं और व्यक्ति उन पर काबू नहीं रख पाता। इस प्रकार गहरे इंद्रिय और कामुक संस्कार बन जाते हैं। अब कार्य है - इनसे मुक्त होना। कैसे? **यदि आप इन्हें दबाते हैं तो ये और अधिक**

शक्तिशाली हो जाते हैं। यदि आप इन्हें अनदेखा करते हैं तो ये उथल-पुथल मचा देते हैं। उन्हें अनियंत्रित, बिना निगरानी के नहीं छोड़ा जा सकता। **उन्हें रूपांतरण की आवश्यकता है।** उन्हें रूपांतरित करें, उन्हें बदलें। इच्छा का निर्माण करें। **दिव्य की ओर आकर्षित हों, शिव बाबा की ओर। उनसे मिलने की तीव्र इच्छा उत्पन्न करें- दिव्य मिलन।** जैसे शारीरिक मिलन की इच्छा होती है, अब वैसे ही भगवान से मिलने की इच्छा हो- दिव्य मिलन। **जो बेचैनी, तापन, सम्मोहन, उन्माद, शोषण है - कामदेव के ये पाँचों बाण अब किसी व्यक्ति और शरीर की ओर जाने के बजाय परमात्मा, दिव्य की ओर निर्देशित हों।**

5. अंतिम है आत्मा की उड़ान का दृश्यांकन (सोल सोरिंग विज़ुअलाइज़ेशन)

आप कल्पना करते हैं कि आत्मा इस शरीर से बाहर जा रही है। अब इस शरीर से बाहर जाने का नया संस्कार बनाएं। हम इस त्वचा में फँसे हुए हैं। अब एक नया संस्कार - इस शरीर से बाहर जाने का। एक बहुत सुंदर प्रयोग है, जो आप आज कर सकते हैं। इसे **84-स्टेप मेडिटेशन** कहा जाता है। यह क्या है? चलते समय 84 कदम गिनें।

उदाहरण के लिए, आप नक्की लेक के आसपास चल रहे हैं। 84 कदम गिनें। 84 कदमों के बाद रुकें और सोचें मेरे 84 जन्म समाप्त हो गए। अब मैं जा रहा हूँ। अब फिर से 84 जन्म शुरू करें। 84 के लिए 84, दूसरा चक्र- 84 कदम चलें। 1, 2, 3, 4, 5 गिनें। हर एक कदम एक जन्म है। 84 जन्म पूरे। 84 कदम पूरे फिर रुकें, चारों ओर देखें। ओह, मैंने अपने सभी जन्म पूरे कर लिए। 5000 वर्ष पूरे हो गए। ओह, संसार- अलविदा। मैं जा रहा हूँ। अलविदा। सायोनारा। अगले कल्प में मिलेंगे। यह कल्प समाप्त हो गया। 5000 वर्ष समाप्त। 84 जन्म पूरे हो गए

आपको उदाहरण के लिए तीन चक्र बनाने हैं। तीन चक्र का मतलब कितना? तीन चक्र। प्रत्येक चक्र का एक 84 तो यह आपको दो बातों में मदद करेगा। यह एक है - स्वास्थ्य लाभ और दूसरा है - आध्यात्मिक लाभ। 84-स्टेप मेडिटेशन तकनीक। यह किसी भी किताब में नहीं है। तो आप ऊपर उठते हैं। ऊँची उड़ान भरते हैं।

ये हैं पाँच तकनीकें-

- **मौन सेवा**- कोई विज्ञापन नहीं। कोई पहचान नहीं। कोई प्रचार नहीं। कोई भाषण नहीं लेकिन उपस्थिति।
- **समर्पण** -आप सब कुछ करते हैं और समर्पित कर देते हैं, आप सब कुछ करते हैं और समर्पित कर देते हैं।
- **पवित्रता अर्थात विचारों की जाँच करना।** विचारों को परखें। चोर आसपास हैं, लुटेरे घात लगाकर छिपे हुए हैं, वे आपको अचानक आक्रमण करते हैं।
- **संस्कार परिवर्तन** - आपको रूपांतरण करना है। न दबाएँ, न लड़ें, न दुखी हों, न उस संस्कार की शिकायत करें। वह जा नहीं रहा, बहुत कठिन है; ऐसा मत सोचें। उसे रूपांतरित करें। उस संस्कार की प्रकृति को बदलें। जो ऊर्जा नीचे की ओर जा रही है, उसे ऊपर की ओर प्रवाहित करें; उर्ध्वगामी बना दें।
- **आत्मा की उड़ान/ सोल सोरिंग का अर्थ है- ऊपर उठना।** आत्मा को इस शरीर से बाहर ले जाएँ, दिन में कई बार। जब भी आपको समय मिले, शरीर को भूल जाएँ। जब भी अवसर मिले, इस दुनिया से ऊपर उठ जाएँ। **सब कुछ अस्थायी है। चीजें बदलती रहती हैं। लोग आते हैं और चले जाते हैं। मैं एक द्रष्टा हूँ, एक अलग रहने वाला साक्षी हूँ।**

Notes :

DAY 14

एक पवित्र व्यक्ति, उसका नाम गिल्बर्ट था। एक बार वह एक पवित्र स्थान पर गया और वहाँ के राजा ने उसे कैदी बना लिया, उसे बंदी बना लिया गया। यह व्यक्ति गिल्बर्ट कई दिनों तक उस कारागार में रहा। उस राजा की युवा पुत्री को इस युवक पर दया आई और धीरे-धीरे वह उससे प्रेम करने लगी। इस गिल्बर्ट ने उसी युवती की सहायता से जेल से भागकर सुरक्षित रूप से अपने घर लंदन पहुँच गया। लेकिन वह युवती उसे याद करने लगी और वह भी लंदन पहुँच गई। उसे अंग्रेज़ी नहीं आती थी। उसे उस व्यक्ति का पता नहीं पता था। उसे लंदन की गलियों का भी ज्ञान नहीं था, फिर भी वह अकेली आई और "गिल्बर्ट, गिल्बर्ट, गिल्बर्ट" पुकारती रही। दिन बीतते गए। धीरे-धीरे पूरे लंदन शहर को पता चल गया कि एक महिला है जो लगातार "गिल्बर्ट, गिल्बर्ट, गिल्बर्ट" पुकारती रहती है। यह बात गिल्बर्ट के कानों तक पहुँची और उसने उसे ढूँढ लिया और दोनों ने विवाह कर लिया और जैसा हर कहानी में होता है, उसके बाद वे खुशी-खुशी रहने लगे।

यह एक छोटी सी कहानी है, लेकिन यह **दृढ़ता और संकल्प** की कहानी है। वह युवती अपने प्रेम को पाने के लिए पूरी तरह दृढ़ थी। वह एक नए स्थान पर पहुँची, उसे भाषा नहीं आती थी, कई महीनों तक बिना पैसों के वह लंदन की सड़कों पर "गिल्बर्ट, गिल्बर्ट, गिल्बर्ट" पुकारती रही और अंत में उसने गिल्बर्ट को पा लिया। यही है दृढ़ता की शक्ति। यही है संकल्प की शक्ति। हमारे संस्कार कितने भी गहरे क्यों न हों, यदि हम निरंतर प्रयास करें और दृढ़ निश्चय रखें, तो हम किसी भी संस्कार को इस मन की पट्टी से मिटा सकते हैं।

संकल्प दृढ़ बनाइए। दृढ़ता आपका घनिष्ठ मित्र है, सावधानी आपका बड़ा भाई है, आशा आपकी रक्षक देवदूत है और अनुभव आपका मार्गदर्शक है। जीवन में जो भी आप अनुभव करते हैं, वही अनुभव आपका आध्यात्मिक मार्गदर्शक बनता है। सावधान रहने के लिए सावधानी को अपना बड़ा भाई बना लें। इस दृढ़ता और निरंतरता को अपना सबसे निकट मित्र बना लें।

यदि हम किसी लक्ष्य को प्राप्त करने के लिए दृढ़ संकल्प कर लें, तो चाहे कैसी भी

परिस्थिति आए - स्वर्ग या नरक; हम उसे प्राप्त करके रहेंगे और उस लक्ष्य को पाने के लिए कोई भी कसर नहीं छोड़ेंगे। यही है संकल्प की शक्ति, यही है निरंतर प्रयास की शक्ति। आप लगे रहते हैं, लगातार प्रयास करते हैं - अडिग विश्वास के साथ, पूर्ण दृढ़ता के साथ। हमें बहुत सी चीजें असंभव लगती हैं, लेकिन इस दुनिया में ऐसे लोग हैं जिन्होंने असंभव कार्यों को भी संभव कर दिखाया है। यदि एक व्यक्ति कुछ कर सकता है, तो हर व्यक्ति कर सकता है। यदि एक व्यक्ति कर सकता है, तो हर इंसान कर सकता है इसलिए निराशा में जाने के बजाय, फिर से उठ खड़े हों। यदि आप असफल होते हैं, जैसा मैंने कहा, अनुभव आपका मार्गदर्शक है।

सावधानी आपका बड़ा भाई है और दृढ़ता आपका घनिष्ठ मित्र है। आगे बढ़ते रहें - अडिग, अटल, बिना रुके। मैं अजेय हूँ। कुछ भी मेरे विश्वास और मेरे संकल्प को रोक नहीं सकता और जब आपको जीवन में कोई निर्णय लेना हो, तो शांत बैठकर निर्णय लें। किसी आकर्षण के प्रभाव में नहीं, बल्कि शांति से। एक परिपक्व निर्णय लें, ताकि बाद में पछताना न पड़े। **मराठी में दो शब्द हैं - आवड और निवड। आवड का अर्थ है किसी को पसंद करना, किसी की ओर आकर्षित होना और निवड का अर्थ है चयन, एक परिपक्व निर्णय।**

तो हम पाँच नए तरीके, पाँच नए उपाय देखेंगे, दिव्यता के साथ तालमेल में रहने के लिए। यह दिव्य सिम्फनी है, यह दिव्य संरेखण है। समस्या असंतुलन की है। चीज़ों का सही स्थान पर होना आवश्यक है। समस्या है - अव्यवस्था, आध्यात्मिक अव्यवस्था, आध्यात्मिक असंतुलन। यह सरल गणित है - आध्यात्मिक गणित। जब चीज़ें बिखर जाती हैं तो उन्हें जोड़कर पुनः व्यवस्थित करना होता है। जीवन का अर्थ ही है पुनः व्यवस्था करना, पुनः संरेखण करना, पुनः निर्माण करना। यह आध्यात्मिक आंतरिक इंजीनियरिंग है।

1. एक शब्द एंकर विधि

बस एक शब्द लें। उदाहरण के लिए - विश्वास, "Baba", या "Yes Baba"। अब यह एक सरल शब्द है। एक शब्द लें। उसे बार-बार दोहराएँ नहीं, बल्कि उसे महसूस करें। उस शब्द का अनुभव करें। बस बैठें और उस एक शब्द को अनुभव करने का प्रयास करें।

उदाहरण के लिए, रविवार की मुरली में एक शब्द था - संतुष्टता। **बस उस एक शब्द को**

लें। उस शब्द के साथ बैठें, उसी के आसपास रहें, उस शब्द का अनुभव करें। उस शब्द को महसूस करें, उसे छूने का अनुभव करें, उसे इतनी गहराई, इतनी शांति और इतनी अनुभूति के साथ बोलें कि वह शब्द एक जीवंत बीज, एक जीवंत मंत्र बन जाए। प्राचीन ऋषि क्या करते थे? वे एक वैदिक मंत्र लेते थे और उसके अभ्यास से उसे सिद्ध, जीवंत बना देते थे। तो यह है - एक शब्द एंकर विधि। **कोई भी एक शब्द लें, उसे बार-बार दोहराएँ नहीं, बल्कि उसके बारे में सोचें, उसे भीतर उतरने दें। उस शब्द में डूब जाएँ, उसमें भीग जाएँ, उसमें पूरी तरह रच-बस जाएँ। यह डूबना, यह भीगना, उस शब्द में पूरी तरह समा जाना, आपको एक नई अनुभूति की ओर ले जाएगा।**

मन एक बाज़ार की तरह है - बहुत सारे शब्द, बहुत सारी आवाज़ें, बहुत शोर। हमारा मन एक शोरगुल भरा बाज़ार है। उसे और शब्दों की आवश्यकता नहीं है, क्योंकि पहले से ही बहुत शब्द हैं। उसे अनुभूति चाहिए, शांति चाहिए, पहले से ज्ञात सत्यों की गहरी समझ चाहिए तो यह एक तरीका है, कोई भी एक शब्द; आप **"बाबा"** ले सकते हैं। आप **"हाँ बाबा"** ले सकते हैं। आप **"संतुष्टता"** ले सकते हैं या इस मुरली से कोई भी शब्द **"कम्पैनियन"**, **"डिवाइन कम्पैनियन"** कुछ भी और उस समय को बढ़ाएँ। कल की मुरली में बाबा ने कहा - 2 से 5, यानी 8 घंटे योग। उसे बढ़ाएँ - 16 + 8, यानी आपके 24 घंटे।

2. दिव्य साथी जागरूकता

जब मैं महसूस करता हूँ, हमारी समस्या अज्ञान नहीं है, हमारी समस्या भूल है। हम भूल जाते हैं कि भगवान मेरे सर्वोच्च साथी हैं। मैं जहाँ भी जाता हूँ, वे मेरे साथ हैं। जब मैं उनकी उपस्थिति को गहराई से महसूस करता हूँ तो मैं सुरक्षित, निश्चिंत और एक दिव्य संरक्षण के नीचे महसूस करता हूँ। मैं जो भी करता हूँ, वे कहीं न कहीं मेरे आसपास हैं। मैं हमेशा उस दिव्य उपस्थिति से घिरा हुआ हूँ। वे मेरे साथी हैं। इसे ही संबंध जागृति कहा जाता है।

वे मेरे साथ हैं। वे मेरे भीतर हैं। वे मेरे बाहर हैं। वे मेरे चारों ओर हैं। वे मुझे घेरे हुए हैं। मैं उनमें डूबा हुआ हूँ। मैं उनमें भीगा हुआ हूँ। उनका साथ मुझे कभी अकेलापन महसूस नहीं होने देता। हमारी सबसे बड़ी समस्या भी अकेलापन है। हमें लगता है, मैं अकेला हूँ, मैं किससे मदद

माँगूँ? और यही अकेलापन कड़वाहट में बदल जाता है और यह अकेलापन खालीपन की ओर ले जाता है। फिर मनुष्य इस खालीपन को दुनिया के सस्ते मनोरंजन से भरने की कोशिश करता है और वे आगे उसकी ऊर्जा को और भी खत्म कर देते हैं।

दिव्य संगति (डिवाइन कम्पैनियनशिप) इस ऊर्जा के रिसाव को रोकती है। इसके लिए आपको समय निकालना होगा। ऐसा नहीं है कि हर बार आप बाबा के कमरे में, ध्यान कक्ष में बैठते हैं, तो ही योग कर रहे हैं। कभी-कभी आप बस बैठते हैं और उन्हें देखते हैं। कभी-कभी आप बस बैठते हैं, आँखें बंद करते हैं और सोचते हैं। उसमें बाबा का कमरा एक गर्भ की तरह होता है; एक दिव्य गर्भ। उस गहन लाल प्रकाश के साथ, कुछ दिव्य आपको स्पर्श करता है। कुछ अभूतपूर्व घटित होता है। कुछ अदृश्य, कुछ अज्ञात, कुछ अगोचर आपको छूता है; कुछ रहस्यमय। योग में बैठना है, रहस्य को अनुभव करना और उसे समझना। यह है सम्मोहित होना और फिर उससे मुक्त होना तो यह है दिव्य संगति की जागरूकता।

3. भावनाओं को संतुलित करने की कला

हजारों भावनाएँ आती और जाती हैं कभी क्रोध, कभी घृणा, कभी ईर्ष्या, कभी अहंकार। यदि हम अपने जीवन को देखें, तो एक ही दिन में विरोधाभासी भावनाएँ आती हैं। अब क्या करना है? क्या इन भावनाओं में बह जाना है? क्या इनमें डूब जाना है? नहीं; यह केवल एक भावना है और यह अस्थायी है। मैं उन्हें एक अलग साक्षी के रूप में देखता हूँ। **मैं हर भावना के साथ अपनी पहचान नहीं जोड़ता। मैं केवल उन्हें देखता हूँ। वे आती हैं और चली जाती हैं। मैं उनकी क्षणभंगुर प्रकृति पर विचार करता हूँ। वे अस्थायी हैं। वे मैं नहीं हूँ।** जैसे संवेदनाएँ अस्थायी होती हैं, वैसे ही मैं भावनाओं को भी अस्थायी रूप में देखता हूँ। जैसे संवेदनाएँ बदलती रहती हैं, वैसे ही मैं भावनाओं को भी देखता हूँ। वे आती हैं, वे जाती हैं।

यदि मुझे क्रोध आता है तो इसका यह अर्थ नहीं है कि मेरा स्वभाव ही क्रोध है। यह एक अस्थायी भावना है, जो किसी कारण से उत्पन्न हुई है और यह अस्थायी है। **यह एक दृश्य है। मैं उससे अलग हूँ। यह एक नाटक का दृश्य है और रविवार की मुरली में बाबा ने कहा - यह मिकी माउस का खेल है।** मैं उन्हें देखता हूँ और उसी क्षण मैं याद करता हूँ - यह एक भावना है

और मैं इससे अलग हूँ। इस प्रकार मैं उस भावना को न्यूट्रलाइज़ कर देता हूँ अन्यथा यदि वही भावना बार-बार दोहराई जाती है तो वह अवचेतन मन में एक गहरा मार्ग बना देती है। यहाँ तक कि यदि आप खुश भी हैं और यदि आप उस एक भावना को याद करते हैं तो आप फिर उसी मार्ग पर चले जाते हैं - दुख, पीड़ा, अपराधबोध, ईर्ष्या, अहंकार, क्रोध, घृणा या किसी गहरी द्वेष की स्मृतियों की ओर। इसलिए भावनाओं को न्यूट्रलाइज़ करें। यह एक बहुत अच्छी तकनीक है। आप देखते हैं और निरीक्षण करते हैं।

4. स्थिर बैठने का अभ्यास

बस स्थिर बैठें, बिना मोबाइल के, बिना पेन के, बिना पेंसिल के, बिना किसी डायरी के। कुछ भी न करते हुए, बस बैठना लेकिन बिल्कुल स्थिर। ऊपरी तौर पर यह मूर्खता या बेवकूफी लग सकता है, लेकिन स्थिर बैठना, **अधिष्ठान सबसे उच्च बुद्धिमत्ता है**। कुछ भी न करना, केवल बैठना और देखें क्या होता है। हमारी उंगलियाँ, हमारे पैर; वे हिलना चाहते हैं। **दुनिया गति के प्रति आसक्त है। स्थिर बैठना इस सम्मोहन, इस आसक्ति से मुक्त होने का तरीका है।** बस एक घंटे तक स्थिर बैठें। अलार्म लगाएँ और एक घंटे तक बैठें बिना हिले और देखें क्या होता है। यहाँ तक कि यह विचार भी न हो कि "मैं आत्मा हूँ" या "मैं शरीर नहीं हूँ" - कोई विचार नहीं। बस स्थिर बैठें। साँस को देखें, शरीर का अवलोकन करें, उसे स्कैन करें और देखें क्या होता है। कुछ गहरा आपको स्पर्श करेगा। यह एक बहुत सुंदर और नवीन अभ्यास है।

5. न्यूनतम इच्छाओं के साथ जीवन

जितनी अधिक इच्छाएँ, उतनी अधिक गुलामी। जितनी कम इच्छाएँ, उतनी अधिक स्वतंत्रता। **"मुझे यह चाहिए, मुझे वह चाहिए"- इस तरह हम एक सूक्ष्म गुलामी बना लेते हैं।** मुझे टेबल चाहिए। मुझे कुर्सी चाहिए। मुझे सोफा चाहिए। मुझे पेन चाहिए। मुझे पेंसिल चाहिए। यह "चाह" हमें गरीब बना देती है। हम एक अजीब प्रकार की दरिद्रता में पहुँच जाते हैं - एक गरीबी में। चाह ही सबसे बड़ी गरीबी है। **मुझे कुछ भी नहीं चाहिए। मेरे पास सब कुछ है। ऐसा सुंदर विचार उत्पन्न करें। यह समृद्धि का विचार, यह वैभव का विचार - समृद्धि को आकर्षित करेगा, सम्पन्नता को आकर्षित करेगा।**

न्यूनतम इच्छाओं के साथ जीवन। यदि मुझे चीज़ें मिलती हैं, ठीक है। यदि नहीं मिलतीं तब भी ठीक है। पहले मेरे पास थीं, अब नहीं हैं फिर भी मैं खुश हूँ। मैं हर स्थिति को जैसे है वैसे स्वीकार करता हूँ। यहाँ ईर्ष्या का कोई प्रश्न नहीं है। प्रतिस्पर्धा का भी कोई प्रश्न नहीं है। मेरी किसी से कोई प्रतिस्पर्धा नहीं है। आप देखते हैं - दो भाई, दो बहनें, एक को सब कुछ मिल रहा है, दूसरे को नहीं मिल रहा। इसी कारण संघर्ष होता है, इसी कारण दुख होता है और बहुत निराशा उत्पन्न होती है। जब मैं कुछ भी नहीं चाहता, तब मैं चिंता, तनाव और इस बेचैनी से मुक्त हो जाता हूँ।

तो ये हैं पाँच तरीके :-

- पहला तरीका है एक शब्द **एंकरिंग** - एक शब्द लें, उसमें गहराई में जाएँ, केंद्र में आएँ। यह है आध्यात्मिक केंद्रित होना - परिधि से केंद्र की ओर आना। पूरी आध्यात्मिक यात्रा का सार यही है - परिधि से केंद्र की ओर आना। यही है आध्यात्मिक केंद्रीकरण। परिधि शोर से भरी है, भीड़ से भरी है। केंद्र एकांत है। परिधि में विचलन हैं, केंद्र में एकाग्रता है तो एक शब्द जैसे "Yes Baba" - यह दो शब्द हैं, लेकिन बहुत शक्तिशाली हैं। "मैं स्वीकार करता हूँ।"
- दूसरा है **दिव्य साथी** - मैं चलता हूँ, मैं काम करता हूँ, और मैं अनुभव करता हूँ कि कोई अदृश्य संरक्षण मेरे साथ है। कोई अदृश्य कवच है। एक अदृश्य जैकेट है, एक अदृश्य रेनकोट, एक अदृश्य छाता, एक अदृश्य सुरक्षा है जो मुझे चारों ओर से घेरे हुए है।
- तीसरा है **भावनाओं को न्यूट्रलाइज़ करना** - मुझे हर भावना को गंभीरता से लेने की आवश्यकता नहीं है। वे आती हैं और चली जाती हैं। मैं उन्हें देखता हूँ।
- चौथा है **स्थिर बैठने का अभ्यास** - बिना कुछ किए बस स्थिर बैठें। आप 10 मिनट से शुरू कर सकते हैं, फिर 15 मिनट, फिर आधा घंटा, फिर 45 मिनट और फिर एक घंटा। लक्ष्य है - एक घंटे तक बिना कुछ किए बैठना। बस बैठें। यह मन को शांत कर देगा। आपको यह ध्यान कक्ष में ही करना आवश्यक नहीं है।

आप इसे अपने कमरे में भी कर सकते हैं, लेकिन बिना हिले-डुले। यह "नो-मूवमेंट मेडिटेशन" मन को स्थिर कर देगा।

- अंतिम है - **न्यूनतम इच्छा।** यह पता लगाएँ कि मैं क्या चाहता हूँ। अतीत में मैंने क्या चाहा और क्या प्राप्त किया, इस पर विचार करें। मैंने कुछ चाहा, मैंने उसे प्राप्त किया। अब पीछे मुड़कर देखता हूँ, मैं उसी स्तर की खुशी में हूँ, चाहे वह चीज़ हो या न हो तो उस इच्छा ने क्या किया? केवल बेचैनी और अशांति लाई, इसके अलावा कुछ नहीं। यदि मैं इच्छा करूँ भी, तो वह इच्छा आध्यात्मिक हो, शांत और स्थिर हो। मैं उसके पीछे पागल न हो जाऊँ। यदि वह मिल जाए तो ठीक है, यदि न मिले तो भी मैं ठीक हूँ। तो ये हैं पाँच तरीके, पाँच उपाय डिवाइन अलाइनमेंट प्राप्त करने के लिए।

Notes :

DAY 15

Hail to thee, blithe spirit,

हे प्रसन्न आत्मा, तुझे प्रणाम!

कवि पक्षी को एक खुश, आनंदमय आत्मा के रूप में संबोधित कर रहा है।

Bird thou never wert,

तू वास्तव में कोई साधारण पक्षी नहीं है।

कवि कहता है कि यह पक्षी सिर्फ एक भौतिक पक्षी नहीं, बल्कि कुछ दिव्य है।

That from heaven or near it

जो स्वर्ग से या उसके पास से आया है।

पक्षी का स्वर इतना दिव्य है कि वह स्वर्गिक लगता है।

Pourest thy full heart

तू अपने पूरे हृदय को उंडेल रहा है।

पक्षी अपने भावों को पूरी तरह व्यक्त कर रहा है।

In profuse strains of unpremeditated art.

बिना किसी तैयारी के, स्वाभाविक और भरपूर संगीत के रूप में।

उसका गीत सहज, प्राकृतिक और बिना अभ्यास के है।

In the golden lightning of the sunken sun,

डूबते हुए सूर्य की सुनहरी रोशनी में।

संध्या का सुंदर दृश्य दिखाया गया है।

Over which clouds are brightening,

जिन बादलों पर वह सुनहरी चमक पड़ रही है।

आकाश में बादल सूर्य की रोशनी से चमक रहे हैं।

Thou dost float and run

तू तैरता और दौड़ता हुआ प्रतीत होता है।

पक्षी की उड़ान बहुत हल्की और स्वतंत्र है।

Like an unbodied joy whose race is just begun.

जैसे कोई देह-रहित आनंद, जिसकी यात्रा अभी शुरू हुई हो।

पक्षी शुद्ध, मुक्त और अनंत आनंद का प्रतीक है।

कवि उस दिव्य संगीत से मंत्रमुग्ध है। उसने पक्षी को गाते हुए सुना, पर देखा नहीं, केवल उसकी चहचहाहट सुनी और वह कहता है, "हे पक्षी, तू वास्तव में पक्षी नहीं है; तू स्वर्ग से या उसके पास से अपने हृदय को उडेल रहा है।" तू बिना किसी तैयारी के, स्वतःस्फूर्त कला की प्रचुर धारा में अपने भावों को व्यक्त कर रहा है। हम बोलने से पहले तैयारी करते हैं, अभ्यास करते हैं, फिर बोलते हैं; लेकिन तेरी वाणी बिना तैयारी के, सहज रूप से प्रवाहित होती है। तेरी अभिव्यक्ति एक सतत प्रवाह की तरह है, मानो स्वर्ग के द्वार खुल गए हों और तू अपने हृदय को उडेल रहा हो। इसलिए तेरे गीत में इतनी तीव्र आनंद की अनुभूति है। तू प्रदर्शन के लिए नहीं गाता, न ही प्रशंसा या पहचान के लिए, तू इसलिए गाता है क्योंकि गाना ही तेरा स्वभाव है। इसलिए कवि को लगता है कि तू कोई साधारण पक्षी नहीं, बल्कि एक अदृश्य, आनंदमय आत्मा है; एक प्रसन्न आत्मा।

स्काईलार्क उस देह-रहित आनंद का प्रतीक है, जिसकी यात्रा अभी शुरू हुई है, एक ऐसा आनंद जिसका कोई शरीर नहीं। कवि प्रकृति की सादगी, उसकी निष्कलंकता और उसकी सुंदरता की ओर आकर्षित है। मानव मन दूषित हो चुका है। वह भारी हो गया है और उसका सबसे बड़ा बोझ है - दूसरों की राय का बोझ, लेकिन वह पक्षी उन बादलों के ऊपर उड़ रहा है, जिन पर प्रकाश फैल रहा है, वह ऐसे तैरता और दौड़ता है जैसे कोई देह-रहित आनंद, जिसकी यात्रा अभी-अभी शुरू हुई हो।

यदि हमें उड़ना है, तो हमें भार छोड़ना होगा। यदि हमें उस पक्षी की तरह बनना है, तो सारा बोझ, सारा सामान, सारी भारीपन, सारा भार हमें छोड़ना होगा। तभी हम उड़ सकते हैं। मन पछतावों से भारी हो जाता है। **सबसे बड़ा वैराग्य यह है कि हम अपने जीवन में जो कुछ भी घटित हुआ है, उससे अलग हो जाएँ।**

मान लीजिए कोई व्यक्ति 30 वर्ष का है, इन 30 वर्षों में उसने अलग-अलग स्थानों पर जीवन बिताया, अलग-अलग लोग उसके जीवन में आए, सब कुछ। अमृतवेला सबसे उत्तम

समय है इन सबको देखने का; एक मानसिक चलचित्र बनाकर, एक साक्षी भाव से देखना। देखना, रुकना, समझना, चिंतन करना। जब हम देह-अभिमान में होते हैं, तो हम केवल एक ही पक्ष देखते हैं। यदि 10 पहलू हैं तो 9 पहलू हमेशा छूट जाते हैं। अमृतवेला वह समय है जब इस मानसिक चलचित्र को चलाकर देखा जाए - क्या-क्या हो रहा है, क्या-क्या हो चुका है। वह क्या है जो मुझे इतना भारी बना रहा है? क्या हम उस पक्षी की तरह नहीं बन सकते, जो उड़ता है?

"मुझे उस आनंद का आधा ही सिखा दो, जो तुम्हारे मन में है।" शेली उस पक्षी से कह रहा है - मुझे पूरा नहीं, केवल आधा आनंद ही सिखा दो। तब मेरे होंठों से भी ऐसा मधुर, सामंजस्यपूर्ण उन्माद बह निकलेगा। तब दुनिया मुझे सुनेगी, जैसे मैं अभी तुम्हें सुन रहा हूँ। यदि तुम मुझे गाना सिखा दो, तो एक दिन मैं भी गाऊँगा और फिर पूरी दुनिया मुझे सुनेगी, जैसे मैं आज तुम्हें सुन रहा हूँ।

"हे पक्षी, या दिव्य आत्मा, मुझे सिखाओ - तुम्हारे मन में कितने मधुर विचार हैं!" मैंने कभी प्रेम या मदिरा की ऐसी प्रशंसा नहीं सुनी, जो इतने दिव्य आनंद की बाढ़ से भरी हो। वह पक्षी से कह रहा है कि मुझे उस आनंद का आधा ही सिखा दो, जो तुम्हारे मन में है, क्योंकि मेरा मन भारीपन से भरा हुआ है, जबकि तुम इतने हल्के हो और स्वतंत्र होकर उड़ रहे हो। कोई भी विवाह गीत या विजय गीत तुम्हारे गीत की बराबरी नहीं कर सकता, लेकिन हमारे भीतर एक खालीपन है। एक ऐसी कमी, जिसमें हमें लगता है कि कुछ छिपी हुई चाह है। हमारे अंदर बहुत सारी इच्छाएँ, लालसाएँ, तड़प और आकांक्षाएँ भरी हुई हैं और यही इच्छाएँ हमें दास बना देती हैं।

1. एक उद्देश्य के साथ जागना

हमारी सुबह आकस्मिक नहीं होनी चाहिए, बल्कि उद्देश्यपूर्ण और पवित्र होनी चाहिए। जब आप जागते हैं तो पहला विचार क्या होता है, वही पहला विचार पूरे दिन को निर्धारित करता है, वही दिन की दिशा तय करता है और उसी पर दिन की नींव आधारित होती है। इसलिए जागिए, एक उद्देश्य के साथ जागिए। पहला विचार हो - "मैं आत्मा हूँ, मैं अपने पिता से मिल रहा हूँ।" यह पूरे दिन के लिए एक नया मार्ग बना देता है। **दिन को बिना लक्ष्य के शुरू न होने दें,**

उसमें उद्देश्य होना चाहिए। उसे दिव्यता, नवीनता और नयापन के साथ प्रारंभ करें। जो कुछ भी कल हुआ, वह बीत चुका है, अब समाप्त हो चुका है - मैं अब अतीत को नहीं ढोता, जो बीत गया, उसे बीत जाने देता हूँ।

बीते हुए कल की कोई भी छाया मेरे आज को प्रभावित न करे। मैं एक नई शुरुआत करता हूँ - नवीनता के साथ, एक आध्यात्मिक उद्देश्य के साथ, एक उच्च उद्देश्य के साथ। जागिए इस विचार के साथ - मैं आत्मा हूँ। जागिए इस भावना के साथ - मुझे अपने प्रिय से मिलना है, मुझे अपने घर लौटना है। मेरा घर मुझे पुकार रहा है। एक आध्यात्मिक स्मृति उत्पन्न करें, मुझे वापस जाना है, अब बहुत हो चुका। समय कम है और समय आ गया है। मुझे लौटना है, तेजी से आगे बढ़ना है। यह उद्देश्य बहुत महत्वपूर्ण है इसलिए **अमृतवेला पूरे दिन की नींव है। यदि सुबह शक्तिशाली बनती है, तो पूरा दिन शक्तिशाली बन जाएगा** और अमृतवेला केवल बैठकर ध्यान करने के लिए नहीं है, बल्कि यह योजना बनाने का भी समय है। यह वह आधार है, जिस पर जीवन की पूरी इमारत खड़ी होती है।

इस समय सोचें, योजना बनाएँ, लिखें, मनन करें, अपने जीवन की घटनाओं की समीक्षा करें। किसी लंबे समय से चल रही समस्या, किसी पुरानी बीमारी, किसी मानसिक परेशानी, किसी विचलन का समाधान सोचें। कोई नया कौशल सीखने के बारे में सोचें। जैसे संगीत की दुनिया में कहा जाता है कि एक गायक के लिए सुबह का समय बहुत महत्वपूर्ण होता है, वे अधिकतर गीतों की रिकॉर्डिंग सुबह ही करते हैं। क्यों? क्योंकि सुबह की आवाज़ ताज़ा होती है। सुबह की आवाज़ थकी हुई नहीं होती। शाम तक आवाज़ थक जाती है। यदि उन्हें शाम को गाना भी हो तो वे कुछ घंटों के लिए मौन में चले जाते हैं। इसलिए सुबह का समय नए कौशल सीखने, बुद्धि को तेज करने और आध्यात्मिक समझ को निखारने के लिए भी होता है। यह एक गीले पत्थर की तरह है, जिसे आप तेज करते हैं। इस प्रकार सुबह के अनेक लाभ हैं। यह सबसे अधिक उत्पादक समय है, सबसे ताज़गी भरा समय है, जब मन शांत और स्थिर होता है।

2. मुरली लिंकिंग आदत

मुरली केवल पढ़ने के लिए नहीं है। जब मैं मुरली पढ़ता हूँ, तो मुझे यह भी सोचना चाहिए

कि मैं इस बिंदु को पूरे दिन कैसे लागू कर सकता हूँ। यदि मुरली कहती है वैरागी बनो तो जीवन की किन परिस्थितियों में मुझे वैरागी रहना चाहिए? मुरली कहती है, पवित्र रहो तो जीवन की अपवित्र परिस्थितियाँ कौन-सी हैं? मैं इस मुरली के बिंदु को अपने जीवन में कैसे लागू कर सकता हूँ? जीवन एक जीवंत मुरली कक्षा बनना चाहिए, न कि कोई अलग विभाग, पूरा दिन एक कक्षा है। मुरली केवल सुबह का सत्र नहीं है, यह 24×7 चलने वाली जीवंत कक्षा है। जीवन एक प्रयोगशाला बनना चाहिए, जहाँ हम मुरली के विभिन्न बिंदुओं पर प्रयोग करें, उन्हें परखें, उन्हें मिलाएँ।

जैसे एक वैज्ञानिक शोध करता है, वैसे ही जीवन स्वयं एक मुरली शोध केंद्र बनना चाहिए, जहाँ हम प्रयोग करें, खोज करें, अनुभव करें और नए निष्कर्षों तक पहुँचें इसलिए मुरली के बिंदुओं को जीवन से जोड़ें। यह एक मुरली पॉइंट है, मैं इसे अपने विभाग में कैसे लागू कर सकता हूँ? यह मुरली पॉइंट है, मैं इसे अपने संबंधों में कैसे लागू कर सकता हूँ? यह मुरली पॉइंट है, मैं इसे अपने जीवन की विभिन्न समस्याओं में कैसे लागू कर सकता हूँ? **यदि मुरली व्यवहार में नहीं आ रही है, तो वह जीवंत मुरली नहीं है, वह एक मृत चीज़ है; एक मृत शास्त्र।** जैसे दुनिया में पहले से ही बहुत सारे शास्त्र हैं, यह भी एक और शास्त्र बनकर रह जाएगी। जैसे दुनिया में पहले से ही बहुत सारी किताबें हैं, यह भी केवल एक और किताब बन जाएगी।

यदि मैं इसे जीवंत नहीं बना रहा हूँ, यदि मैं इसे लागू नहीं कर रहा हूँ, यदि यह मेरे कर्मों में नहीं उतर रही है, यदि यह व्यवहारिक नहीं है, तो यह एक मृत वस्तु है एक शव की तरह, जिसे मैं अपने कंधों पर ढो रहा हूँ। इसका मेरे लिए कोई उपयोग नहीं है, सिवाय इसके कि यह मुझे केवल सजाती है। लोग आकर कह सकते हैं “आप बहुत अच्छा बोलते हैं, आप विद्वान हैं” लेकिन ये प्रशंसा मेरे किसी काम की नहीं है। ये मुझे कोई प्रगति नहीं देतीं, बल्कि मेरे अहंकार को ही बढ़ाती हैं और मैं कोई वास्तविक प्रगति नहीं कर पाता इसलिए मुरली के बिंदुओं को जीवन से जोड़ें।

3. लिखकर आत्मसात करना

जब आप लिखते हैं तो वह संस्कार गहरा हो जाता है। लिखना एक साधना बन जाना

चाहिए। हर शब्द, हर अक्षर; जब आप लिखते हैं तो वह ध्यान बन जाना चाहिए। आप कैसे लिखते हैं, यह भी बताता है कि आप कौन हैं। कुछ लोग "E" अक्षर को एक विशेष तरीके से लिखते हैं, जो उनके स्वभाव में कठोरता या आक्रामकता को दर्शाता है। यदि वे अपने "E" को सुधार लें, तो उनका स्वभाव भी बदल सकता है। इसे हैंडराइटिंग थेरेपी कहा जाता है। यदि आप अपने कुछ अक्षरों को सुधार लेते हैं तो आपका स्वभाव भी बदल सकता है।

मुंबई में एक घटना हुई थी- एक व्यक्ति ने अपनी माँ की हत्या कर दी, उनके शरीर के टुकड़े किए और उन्हें एक सूटकेस में भर दिया। फिर वह बाहर चला गया। रिश्तेदारों, पड़ोसियों ने पूछा, "आपकी माँ दिखाई नहीं दे रही हैं, क्या हुआ?" उसने कहा, "वह पड़ोसी से मिलने गई हैं और मैं भी जा रहा हूँ।" उसने कमरे को बंद कर दिया और अंदर बहुत सारे केमिकल्स और सुगंध रख दिए, ताकि कोई पहचान न सके। पूरे कमरे में तेज खुशबू फैली हुई थी, शरीर को भी सुगंधित रसायनों में भिगो दिया गया था। फिर वह चला गया, कमरा बंद करके।

कई दिनों बाद, एक-दो महीने बाद, लोगों ने देखा कि चींटियों की एक लंबी कतार जा रही है। लोग हैरान हुए, क्या हो रहा है? उन्होंने उससे संपर्क करने की कोशिश की, लेकिन वह उपलब्ध नहीं था। आखिरकार खिड़कियाँ तोड़ी गईं, पुलिस आई और अंदर से शव मिला। इसके बाद जांच शुरू हुई और उसे भारत के बाहर से पकड़ा गया। उसके लिखे हुए पत्र देखे गए, वह "E" अक्षर एक विशेष तरीके से लिखता था, जो अत्यधिक क्रोध और हिंसा को दर्शाता था। कहा गया कि यदि वह इस लेखन शैली को सुधार लेता तो उसका स्वभाव भी बदल सकता था।

इसी प्रकार कुछ लोग एक विशेष ढंग से लिखते हैं, दोनों तरीके सही हो सकते हैं, लेकिन जो लोग एक खास तरीके से लिखते हैं, उनके जीवन में प्रेम और रोमांस की कमी दिखाई देती है। यदि वे अपनी लिखावट में थोड़ा परिवर्तन करें तो जीवन में संतुलन आ सकता है। कुछ लोग ऐसे लिखते हैं कि शब्दों के बीच बहुत अधिक दूरी होती है, यह उनके जीवन में एकांत और अकेलेपन को दर्शाता है। यदि वे इस दूरी को कम करें, तो उनके जीवन में पूर्णता का अनुभव वापस आ सकता है। इसलिए लेखन एक सुंदर ध्यान बन जाना चाहिए। धीरे-धीरे आपका स्वभाव बदलने लगेगा, आपकी बुद्धि भी बदल जाएगी। जब आप किसी मुरली के बिंदु को लिखते हैं तो आप उसे आत्मसात कर रहे होते हैं, ज्ञान संस्कार में परिवर्तित हो जाता है, यदि

उसे लिखा जाए। यही लेखन की सुंदरता है। **लेखन एक सोचने वाला ध्यान बन जाना चाहिए, एक लिखित ध्यान, एक टेक्स्ट ध्यान, एक स्क्रिप्ट ध्यान, एक संवाद ध्यान।**

4. स्वमान लिंकिंग विधि

जब आप मुरली पढ़ते हैं, तो उससे नए-नए स्वमान उत्पन्न करें। यदि मुरली में लिखा है, "शक्तिशाली बनो" तो उसे बदलकर करें, "मैं शक्तिशाली हूँ।" मुरली केवल पढ़ने की चीज़ नहीं है, बल्कि उससे स्वमान उत्पन्न करना है। आप जानते हैं कि जैसे AI को एक प्रॉम्प्ट देते हैं और वह एक चित्र बना देता है, वैसे ही आप भी एक प्रॉम्प्ट दें - एक स्वमान उत्पन्न करें, एक नया और रचनात्मक प्रॉम्प्ट बनाएं। इसी प्रकार मुरली भी एक तरह से "AI" है - अर्थात् **आलमाइटी** जिसे आप ईश्वर या निराकार कहते हैं वही सर्वोच्च स्रोत है, जैसे AI का भी स्रोत होता है। इसलिए मुरली से नए-नए स्वमान उत्पन्न करें। आप उसे किसी भी नाम से पुकार सकते हैं - ईश्वर, निराकार इंटेलिजेंस, लेकिन उससे नए स्वमान निकालें।

5. रुकें और आत्मसात करें

हमने तेज पढ़ने की बात की, उसका भी महत्व है, लेकिन धीरे पढ़ना भी उतना ही महत्वपूर्ण है। हर पंक्ति को पढ़ें, सोचें, चिंतन करें, रुकें और उसे अपने भीतर उतरने दें। जब भी आप कुछ नया पढ़ते हैं तो मुरली से नई-नई रचनात्मक गतिविधियाँ बनाएं। मुरली को नीरस और उबाऊ न रहने दें। उसमें नए प्रयोग करें - नए शब्द, नए स्वमान, नए अभ्यास, नई तकनीकें। मुरली आनंद का स्रोत बननी चाहिए, बोझ नहीं। हम आध्यात्मिकता में इसलिए आते हैं क्योंकि दुनिया में बहुत तनाव और दुःख है और उसी कारण हम मुरली की ओर आते हैं, लेकिन यदि मुरली ही बोझ और तनाव बन जाए तो क्या किया जाए? इसलिए आवश्यक है कि मुरली को याद करना, परीक्षा देना या लिखना, यह सब केवल औपचारिकता न बन जाए।

जैसे लोग अपना आहार बदलते हैं ताकि हल्का महसूस करें, लेकिन कभी-कभी वही प्रक्रिया कठिन और पीड़ादायक लगने लगती है; वैसे ही आध्यात्मिक अभ्यास भी बोझ नहीं, बल्कि आनंदमय होना चाहिए। इसमें बहुत संघर्ष शामिल होता है। जैसे ही आप अनाज से फल, कच्चा भोजन, जूस, प्राकृतिक आहार, इंटरमिटेंट फास्टिंग, ड्राई फास्टिंग, जूस फास्टिंग या

वॉटर फास्टिंग की ओर बढ़ने के बारे में सोचते हैं तो एक संघर्ष शुरू हो जाता है। हम यह सब क्यों करना चाहते हैं? ताकि ध्यान में हल्कापन महसूस हो लेकिन यह प्रक्रिया स्वयं ही दर्दनाक बन जाती है और इस तरह उसका मूल उद्देश्य ही समाप्त हो जाता है।

तो आज के ये पाँच उपाय हैं :-

- **उद्देश्य** - आप एक उद्देश्य के साथ जागें। पहला विचार हो, "मैं एक शुद्ध आत्मा हूँ। मुझे और अधिक शुद्ध बनना है। मेरी पवित्रता और भी पवित्र होती जा रही है।" मुझे दूसरों की गलतियाँ नहीं देखनी हैं। **सेलेक्टिव ब्लाइंडनेस (जानबूझकर कुछ चीज़ों को न देखना और केवल अच्छाइयों पर ध्यान देना)** का अभ्यास करें। मैं यहाँ दूसरों के दोष देखने के लिए नहीं हूँ, बल्कि केवल उनके गुणों को ग्रहण करने के लिए हूँ।

- **मुरली लिंकिंग** - यह मुरली है इसे मैं अपने जीवन से कैसे जोड़ूँ? **मुरली और जीवन दो अलग-अलग विभाग नहीं रहने चाहिए। यह विभाजन समाप्त होना चाहिए। दो अलग-अलग राज्य न रहें बल्कि एक हो जाएँ। इनके बीच की सीमा समाप्त हो जाए, ताकि एक से दूसरे में बिना किसी रुकावट के आ जा सकें।** जैसे बिना पासपोर्ट के स्वतंत्र रूप से आवागमन हो सके। मुरली केवल सुबह के सत्र तक सीमित न रह जाए और दिन अलग न हो जाए; ऐसा नहीं होना चाहिए कि दोनों का आपस में कोई संबंध ही न हो। वे एक-दूसरे के लिए अजनबी या पराए जैसे व्यवहार न करें, "तुम कौन हो? मैं कौन हूँ?", इस प्रकार नहीं। बल्कि उन्हें मित्र बनना चाहिए। वे हाथ में हाथ डालकर साथ चलें। इसलिए इस विभाजन और अलगाव को समाप्त करें।

- **लिखना** - हर दिन एक पन्ना लिखें। इसमें लगभग 30 मिनट लग सकते हैं, लेकिन बहुत धीरे-धीरे लिखें। **लिखना एक ध्यान बन जाना चाहिए।** आप केवल स्लोगन, आशीर्वाद, सार, प्रश्न-उत्तर ये चीज़ें लिख सकते हैं। जैसे मधुबन में डाइनिंग के पास बोर्ड पर जो लिखा होता है, वैसा ही महसूस करें कि आपको रोज़ लिखना है। हर दिन एक पन्ना लिखें और संभव हो तो हिंदी और अंग्रेज़ी दोनों में लिखें। यदि आप अन्य भाषाएँ जानते हैं तो वे और भी रचनात्मक हो सकती हैं। जैसे तेलुगु आदि भाषाओं में लिखना,

यह और अधिक सृजनात्मक अनुभव देता है। विशेष रूप से यदि आप उस भाषा को नहीं जानते, तब भी उसे कॉपी करके लिखें और देखें क्या होता है, यह और भी रचनात्मक बनाता है।

- **स्वमान लिंकिंग** - मुरली से नए - नए स्वमान उत्पन्न करना ही हमारा कार्य है; नए स्वमान। मन पुरानी चीज़ों को पसंद नहीं करता, वह नवीनता चाहता है उसे हमेशा कुछ नया, ताज़ा और अपडेटेड चाहिए। "मैं आत्मा हूँ, मैं शुद्ध आत्मा हूँ, मैं मास्टर सर्वशक्तिमान आत्मा हूँ" ये सब अब पुराने लगते हैं। **मन को कुछ नया, कुछ अभिनव, कुछ ताज़गीभरा और सुगंधित चाहिए।**

- **रुकें और आत्मसात करें** - जब भी आप पढ़ें तो धीरे-धीरे पढ़ें और सोचें। एक पंक्ति पढ़ें, फिर उस पर चिंतन करें। फिर अगली पंक्ति पढ़ें और उस पर भी मनन करें। प्रकृति से जुड़ें; तितली, पक्षी, पत्ते, पेड़, इन सबके रूपकों को मुरली से जोड़ें। इस प्रकार नए स्वमान, नए विचार और प्रकृति के माध्यम से गहरी अनुभूति के साथ मुरली को जीवंत बनाएं।

Notes :

DAY 16

HONEY, child, honey, child, whither are you going?
मेरी प्यारी बच्ची, ओ मेरी प्यारी बच्ची, तुम कहाँ जा रही हो?

Would you cast your jewels all to the breezes blowing?
क्या तुम अपने गहनों को हवाओं में उड़ा दोगी?

Would you leave the mother who on golden grain has fed you?
क्या तुम उस माँ को छोड़ दोगी जिसने तुम्हें सुनहरे अन्न से पाला है?

Would you grieve the lover who is riding forth to wed you?
क्या तुम उस प्रिय को दुःख दोगी जो तुमसे विवाह करने आ रहा है?

Mother mine, to the wild forest I am going,
मेरी माँ, मैं जंगली वन की ओर जा रही हूँ,

Where upon the champa boughs the champa buds are blowing;
जहाँ चंपा की डालियों पर चंपा की कलियाँ खिल रही हैं;

To the köil-haunted river-isles where lotus lilies glisten,
कोयल से गूंजते नदी के द्वीपों पर, जहाँ कमल के फूल चमकते हैं,

The voices of the fairy folk are calling me: O listen!
परी लोक की आवाज़ें मुझे बुला रही हैं—ओ माँ, सुनो!

Honey, child, honey, child, the world is full of pleasure,
मेरी प्यारी बच्ची, यह दुनिया आनंद से भरी हुई है,

Of bridal-songs and cradle-songs and sandal-scented leisure.
विवाह के गीतों, लोरी और चंदन की सुगंधित शांति से भरपूर।

Your bridal robes are in the loom, silver and saffron glowing,
तुम्हारे विवाह के वस्त्र करघे पर बन रहे हैं, चाँदी और केसरिया रंग में चमकते हुए,

Your bridal cakes are on the hearth: O whither are you going?
तुम्हारे विवाह के पकवान चूल्हे पर तैयार हैं—तुम कहाँ जा रही हो?

The bridal-songs and cradle-songs have cadences of sorrow,
विवाह और लोरी के गीतों में भी दुख की धुन छिपी होती है,

The laughter of the sun to-day, the wind of death to-morrow.
आज सूरज की हँसी है, तो कल मृत्यु की हवा भी चल सकती है।

Far sweeter sound the forest-notes where forest-streams are falling;
वन के झरनों की ध्वनि कहीं अधिक मधुर लगती है,

O mother mine, I cannot stay, the fairy-folk are calling.
ओ मेरी माँ, मैं रुक नहीं सकती, परियाँ मुझे बुला रही हैं।

यह **सरोजिनी नायडू** का एक सुंदर ग्रामीण गीत है। एक माँ अपनी बेटी को रोक रही है। बेटी कहती है, "मुझे जाना है। नदी मुझे बुला रही है। जंगल मुझे बुला रहा है। कोयल पक्षी मुझे बुला रहा है। प्रकृति मुझे पुकार रही है।" माँ कहती है, "रुको! तुम कहाँ जा रही हो? तुम्हें क्या चाहिए? तुम क्यों जाना चाहती हो?" माँ परंपरा का प्रतिनिधित्व करती है। माँ सांसारिक जीवन का प्रतिनिधित्व करती है। वह कहती है, "देखो, तुम्हारे विवाह के कपड़े तैयार हैं। मैंने तुम्हें सुनहरे अन्न पर पाला है। तुम्हारा दूल्हा तुमसे विवाह करने आने ही वाला है। रुको, तुम कहाँ जा रही हो? तुम्हारे कपड़े तैयार हैं। ठहरो, तुम कहाँ जा रही हो?"

माँ कहती है, "देखो, दुनिया खुशियों से कितनी भरी हुई है। आराम, रिश्ते, सांसारिक जीवन, सांसारिक सुख।" लेकिन बेटी कहती है, "नहीं, मैं रुक नहीं सकती।" वह कहती है, "मुझे महसूस होता है कि विवाह के गीतों और पालने के गीतों में दुख की लय (कैडेंस) है। मुझे

इस दुनिया में किसी भी तरह की खुशी महसूस नहीं होती। आज सूर्य की हंसी है तो कल मृत्यु की हवा। यहाँ सब कुछ कितना क्षणभंगुर है। नौकरी, करियर, भागदौड़, पद, समाज की उम्मीदें, सांसारिक जीवन, शोर, गहमागहमी। सन्नाटा मुझे बुला रहा है। एकांत मुझे पुकार रहा है। मैंने उस संदेशवाहक को सुन लिया है। मैं रुक नहीं सकती। उन जंगल की धुनों की आवाज़ कहीं अधिक मीठी है जहाँ जंगल के झरने गिर रहे हैं। ओ मेरी माँ, मैं रुक नहीं सकती। वन-परियाँ मुझे बुला रही हैं।" परियाँ मुझे बुला रही हैं।

यह बच्चे का दृष्टिकोण है। जबकि माँ कहती है, "प्यारी बच्ची, ओ प्यारी बच्ची, विवाह के गीतों, लोरी के सुरों और चंदन-सुगंधित विश्राम से यह संसार आनंद से भरा हुआ है। तुम्हारे विवाह के वस्त्र चाँदी और केसरिया रंग में दमकते हुए करघे (बुनाई करने का यंत्र) पर तैयार हो रहे हैं, तुम्हारे विवाह के पकवान चूल्हे पर हैं। ओ तुम कहाँ जा रही हो?"

"जंगल, उस घने जंगल की ओर मैं जा रही हूँ। जहाँ चंपा की डालियाँ झुकती हैं, चंपा की कलियाँ खिल रही हैं। कोयल के बसेरे वाले नदी के टापुओं की ओर, जहाँ कमल और कुमुद चमकते हैं, वन-परियों की आवाजें मुझे बुला रही हैं, ओ सुनो!" माँ कहती रहती है, "प्यारी बच्ची, ओ प्यारी बच्ची, तुम कहाँ जा रही हो? क्या तुम अपने गहने बहती हवाओं में फेंक दोगी? क्या तुम उस माँ को छोड़ दोगी जिसने तुम्हें सुनहरे अन्न पर पाला है? क्या तुम उस प्रेमी को दुखी करोगी जो तुमसे विवाह करने के लिए बढ़ा चला आ रहा है?"

आत्मा को आंतरिक पुकार प्राप्त हुई है। वह युवा जो बेरोजगार है, समाज उसे नीची नजर से देखता है, हर कोई उसे ताना मारता है, "तुम क्या कर रहे हो? तुम क्या कर रहे हो? इतने शिक्षित हो, पर तुम्हारी नौकरी क्या है? तुम कहाँ से हो?" और उस युवा के पास कोई जवाब नहीं है। वह जीवन का अर्थ खोज रहा है। वह समाज की उम्मीदों को पूरा नहीं कर सकता। समाज की उम्मीदें एक दलदल की तरह हैं और पूरा जीवन समाज की उम्मीदों को पूरा करने में बीत जाता है और फिर भी समाज अतृप्त रहता है।

जिसने आंतरिक पुकार सुनी है, वह बेटी रुकने को तैयार नहीं है। माँ उसे कहती रहती है, रुको, रुको, रुको। मुझे बताओ, तुम कहाँ जा रही हो? बेटी कहती है, मैंने वह आवाज़ सुनी

है। **कोयल मुझे बुला रही है। जंगल मुझे बुला रहा है। नदी मुझे बुला रही है। सन्नाटा मुझे बुला रहा है, उसे वह आंतरिक पुकार मिली है। इसे 'दैवीय पुकार' कहा जाता है और जब आत्मा को दैवीय पुकार मिलती है, तो वह रुकती नहीं है।** सांसारिक जीवन नरक (इन्फर्नो) जैसा लगता है। सांसारिक जीवन शुद्धि-स्थल (परगेट्री- जहाँ आत्मा खुद को शुद्ध करती है) जैसा लगता है; दुख की एक कुटिया, यहाँ हर जगह मृत्यु है। यहाँ केवल उम्मीदें हैं और फिर अधूरापन है।

केवल कुछ चुने हुए लोग ही यह जीवन अपना सकते हैं। आध्यात्मिक जीवन सबके लिए नहीं है। यह भीड़ के लिए नहीं है। केवल कुछ चुने हुए ही इस पथ पर चल सकते हैं क्योंकि इसमें चुनौतियाँ हैं। **यह एक अनजाना पथ है। यह अज्ञात में एक छलांग है।** आप नहीं जानते कि क्या होने वाला है। पारंपरिक रास्ता जिस पर पूरी दुनिया चलती है, पूरी भीड़, पूरा जनसमूह उसी पारंपरिक रास्ते का अनुसरण करता है। **आध्यात्मिक पथ एक 'अकेली यात्रा' है। आध्यात्मिक मार्ग एक विलक्षण मार्ग है, यह 'अकेले की अकेले की ओर उड़ान' है। यह भीतर की यात्रा है।**

आज हम पांच नए हैक्स (तरीके) देखेंगे :-

1. आत्म-अनुशासन

जीवन में एक नया अनुशासन बनाना। हम मन की मौजों (मूड) का पालन नहीं करते, हम अनुशासन का पालन करते हैं। यह एक तपस्वी जीवन है। अमृतवेला के लिए सुबह जल्दी उठना, ज्ञान का मंथन करना, नियमित ध्यान करना। ये जीवन के अनुशासन बन जाते हैं। हमारा मन कहता है, हमारा मूड कहता है, "नहीं, आज यह मत करो। बहुत हो गया। आज मुझे सोने दो।" **अनुशासन उस सनकी मन के खिलाफ एक क्रांति है। यह मन की मौजों के आदेशों का पालन नहीं करता। यह मूड के खिलाफ विद्रोह करता है। यह तपस्या का जीवन है। यह अनुशासन का जीवन है और जितना अधिक आप खुद को अनुशासित करते हैं, इच्छाशक्ति उतनी ही मजबूत होती है। मन शक्तिशाली बनता है।** इसलिए जब आप कुछ तय करें, तो उसे बस करें। आपकी प्रतिबद्धता 100% होनी चाहिए - अचूक, अडिग।

2. निरंतरता

ऐसा नहीं है कि आप इसे एक दिन करें और दूसरे दिन छोड़ दें। **आध्यात्मिकता कोई सनक नहीं है। आध्यात्मिकता कोई फैशन नहीं है जिसे एक दिन आज़माया जाए और दूसरे दिन त्याग दिया जाए। यह निरंतरता का जीवन है।** निरंतरता कैसे लाएं? यदि आप किसी चीज़ को अपनी आदत बनाना चाहते हैं, तो आप एक सुंदर गतिविधि कर सकते हैं: इस तरह 21 गोले बनाएं - 1, 2, 3... इस तरह 21 गोले और जब आप उस दिन का कार्य पूरा कर लें तो उस गोले को रंग दें। पहला दिन, दूसरा दिन... एक बार जब आप दूसरे दिन का कार्य पूरा कर लें तो उस गोले को भर दें। यह किसी भी चीज़ के लिए हो सकता है। उदाहरण के लिए, ब्रह्मचर्य का अभ्यास, 21 दिनों की शपथ या 21 दिनों तक दौड़ना या व्यायाम। 21 छोटे गोले बनाएं। एक बार जब आप उसे पूरा कर लें तो उसे रंग दें। मान लीजिए आप चूक जाते हैं तो वह बिना रंगा हुआ रह जाएगा। बाद में आप एक और गोला जोड़ सकते हैं तो यह निरंतरता का अभ्यास है। **निरंतरता का अर्थ है किसी विशेष कार्य को लगातार करना। निरंतरता अभ्यास को स्थायी बना देगी।**

छोटे-छोटे प्रयास। यह एक सुंदर चार्ट है। आप इसे किसी भी चीज़ के लिए उपयोग कर सकते हैं। यदि आप एक नई भाषा सीख रहे हैं तो ये 21 गोले बनाएं। हर दिन रंग भरें। आपने एक घंटे अभ्यास किया, हो गया। यदि आप एक नया कौशल सीख रहे हैं - 21 दिनों के गोले। यदि आप अमृतवेला को सिद्ध कर रहे हैं, एक निश्चित समय - 1 दिनों के गोले। यदि आप अधिष्ठान का अभ्यास कर रहे हैं और बिना हिले-डुले एक घंटे तक स्थिर बैठे हैं - इस तरह 21 दिनों के गोले। इसे **'निरंतरता की कड़ी'** कहा जाता है। एक बार जब आप इसे कर लेते हैं तो आप इसे रंग देते हैं। जब आप 21 दिनों के बाद इन सभी सुंदर रंगीन गोलों को देखते हैं तो आपका आत्मविश्वास बढ़ जाएगा।

तो दूसरा है **आध्यात्मिक निरंतरता**। चाहे वह ज्ञान हो या योग या धारणा या सेवा, कुछ भी। 21 दिन, 21 गोलों का उपयोग करें और उन्हें रंग दें। यह एक गहरा आंतरिक अभ्यास है। यह दूसरों को दिखाने के लिए नहीं है। यह प्रदर्शन के लिए नहीं है। **सभी साधनाएं गुप्त रहनी चाहिए। आध्यात्मिक जीवन एक गुप्त जीवन है। आप कुछ भी साबित नहीं करते। सत्य एक दिन स्वतः स्पष्ट हो जाता है।**

3. स्थिति से विरक्ति का कौशल (सिचुएशन डिटैचमेंट स्किल्स)

स्थितियां बदल रही हैं, लेकिन समस्या यह है कि मैं उसमें शामिल हो जाता हूँ। मैं उसमें डूब जाता हूँ। वह स्थिति मुझे जकड़ लेती है और मैं खो जाता हूँ। मैं जीवन की सभी स्थितियों से खुद को कैसे अलग कर सकता हूँ? यह तभी संभव है जब मैं इसके बारे में सोचूँ: **"मैं एक अभिनेता हूँ। यह एक दृश्य है।"** आप एक छोटा कार्ड बना सकते हैं और अपनी जेब में रख सकते हैं। बीच-बीच में उसे निकालें और पढ़ें: **"यह सिर्फ एक दृश्य है। मैं अभिनेता हूँ। मैं अलग हूँ।"**

4. भावनाओं को नाम देना

इससे मिलता-जुलता एक तरीका है भावनाओं को नाम देना। यदि कोई भावना उत्पन्न होती है, उदाहरण के लिए, कोई चिल्लाता है और मुझे गुस्सा आता है। अब इस भावना और मेरे बीच की दूरी कम हो जाती है और मैं उस भावना के साथ एक हो जाता हूँ। मैं खुद को इस भावना से दूर, अलग कैसे रखूँ? तो भावना से यह विरक्ति तब होती है जब आप उसे नाम देते हैं। यह एक सरल तकनीक है। उदाहरण के लिए, "मैं चिड़चिड़ा महसूस कर रहा हूँ।" तो जब मैं इसे नाम देता हूँ, "मैं चिड़चिड़ा महसूस कर रहा हूँ", मन थोड़ा और स्पष्ट हो जाता है। "मुझे गुस्सा आ रहा है", मन स्पष्ट हो जाता है।

स्थितियों को नाम देना। चाहे वह चिड़चिड़ाहट हो, चाहे वह ईर्ष्या हो। "मैं उदास महसूस कर रहा हूँ। मैं लो महसूस कर रहा हूँ। मैं खुश महसूस कर रहा हूँ। मैं आनंदित महसूस कर रहा हूँ।" सभी भावनाओं को नाम दें। और फिर नाम देने से, आप उस भावना और अपने बीच एक दूरी बना लेते हैं। इससे भावनात्मक बुद्धिमत्ता आती है। आप अपनी भावनाओं के सागर में नहीं डूबते क्योंकि भावनाएं अभिभूत करने वाली होती हैं। भावनाएं बाढ़ की तरह हैं, उफनती हुई नदी की तरह, वे आपको डुबो देती हैं। कोई भी भावना, कुछ पुरानी यादें, पुरानी चोटें, पिछले सदमे।

5. ऊर्जा संरक्षण अभ्यास

हमारी प्रवृत्ति दूसरों की नकारात्मकता को सोखने की होती है और वह हमारी ऊर्जा को चूस लेती है और खत्म कर देती है। मैं अपने चारों ओर एक ऊर्जा कवच बनाता हूँ। मैं दुनिया के

इस बाज़ार में बिना चोट खाए, बेदाग घूमता हूँ और यह कवच, यह ऊर्जा ढाल अभेद्य है। कोई भी चीज़ इसे भेद नहीं सकती। बिल्कुल अभेद्य। आंतरिक मंडल दैवीय सुरक्षा और स्पंदनों से भरा हुआ है।

तो ये आज के पाँच तरीके हैं :-

- **आत्म-अनुशासन बनाएं** - कुछ कठिन धारणाओं का सेट बनाएं और उनका पालन करें। व्यायामशाला में कुछ होता है जिसे 'सुपर सेट' कहा जाता है। केवल उन्नत लोग ही ऐसा करते हैं। यह नौसिखियों के लिए नहीं है। 'सुपर सेट' - यह, यह और यह। 10 बार, 10 बार, 10 बार बिना थके। इसी तरह, निश्चित अनुशासन बनाएं और फिर उसका पालन करें। **अनुशासन भाग्य को आकार देता है। बिना अनुशासन के, जीवन भटका हुआ, खोया हुआ, सनकी और अनियंत्रित हो जाएगा, जैसे कोई बेलगाम घोड़ा इधर-उधर भाग रहा हो।**

- **आध्यात्मिक निरंतरता** - यदि आप कुछ करते हैं, तो उसे बस एक दिन के लिए करें और अब दूसरे दिन के लिए करें और अब तीसरे दिन के लिए करें। हर बीतता दिन, हर छोटी जीत आत्मविश्वास बढ़ाएगी। उदाहरण के लिए यदि आप किसी विशेष आहार का पालन करना चाहते हैं - लोग पूरे जीवन अपने आहार के साथ संघर्ष करते हैं। यह बहुत कठिन है। वे बस हार मान लेते हैं। यदि आप अपने आहार पर नियंत्रण पा लेते हैं, तो आप सब कुछ जीत लेते हैं। यदि आप निरंतर बने रहते हैं, एक बार जब आप तय कर लेते हैं कि "मुझे अपने आहार में तेल नहीं चाहिए" तो 3 दिनों तक इसका अभ्यास करें और फिर चमत्कार देखें। एक और उदाहरण, आप नमक के बिना (जीरो सॉल्ट) अभ्यास करें, और फिर देखें, तीसरे दिन के अंत तक, आप अपने आस-पास नमक की उपस्थिति मात्र से घृणा करने लगेंगे। उदाहरण के लिए अनाज, भारी भोजन, मिश्रित भोजन, मसाले - आप उन्हें नापसंद करने लगेंगे तो यह सब निरंतरता के बारे में है। चाहे वह आहार हो, व्यायाम हो, अमृतवेला हो, ध्यान हो, मुरली चिंतन हो, कर्मयोग हो, लेखन हो, स्मृति प्रशिक्षण हो, कुछ भी।

रिश्तों में भी निरंतरता। रिश्तों में कितनी अस्थिरता है, वे एक-दूसरे से प्यार करते हैं और अगले दिन नफरत करने लगते हैं। तीसरे दिन वे एक-दूसरे से चिढ़ जाते हैं। चौथे दिन वे एक-दूसरे की बहुत अधिक परवाह और लाड़-प्यार करते हैं। फिर स्थिरता आती है। फिर एक अति-प्रतिक्रिया होती है। दो व्यक्तियों के बीच बहुत अशांति है। वे स्थिर नहीं हैं। एक निरंतर युद्ध चल रहा है। शांति की कमी है। वे टुकड़ों में हैं। रिश्तों में स्थिरता लाने के लिए - निरंतरता। **एक बार जब आप कुछ तय कर लेते हैं तो निरंतर रहें।** यदि आप भावनात्मक दूरी, मनोवैज्ञानिक दूरी तय करते हैं तो कुछ समय के लिए छह महीने के लिए दूर रहें और फिर आप नए सिरे से शुरुआत कर सकते हैं।

- **स्थिति से विरक्ति** - स्थिति मुझे डुबोनी नहीं चाहिए। मुझे अलग रहना चाहिए और अमृतवेला इसी के लिए है। ध्यान इसी के लिए है। आध्यात्मिक समूह, लेखन, प्रकृति, कविता - ये सभी चीजें आपको प्रेरित करती हैं।

- **भावनाओं को नाम दें** - भावनाएं उत्पन्न होती हैं, उन्हें नाम दें। बस उसका निदान करें। आपको उसका निदान करना चाहिए। "यह ईर्ष्या है। यह मोह है। यह क्रोध है। यह वासना है। यह अपराधबोध है। यह पश्चाताप है। यह अहंकार है।" एक बार जब मैं इसका निदान कर लेता हूँ, एक बार जब मैं भावनाओं को लेबल कर देता हूँ तो उनकी पकड़ ढीली हो जाती है।

- **ऊर्जा संरक्षण अभ्यास** - मुझे अपनी ऊर्जा की रक्षा करनी है। मुझे एक कवच बनाना है। मैं कल्पना करता हूँ कि मेरे पास एक ऊर्जा ढाल है। और मैं दूसरों की नकारात्मकता को नहीं सोखता। अन्यथा, नकारात्मकता मेरे मन में प्रवेश कर जाती है क्योंकि दुनिया नकारात्मक है। दुनिया नकारात्मक स्पंदनों, तनाव और चिंता से भरी है और मुझे इस दुनिया में, इस दुनिया के माध्यम से, बिना चोट खाए, बिना विचलित हुए चलना है।

तो ये आज के पाँच हैक्स हैं।

DAY 17

Nay, do not grieve,
नहीं, शोक मत करो।

Though life be full of sadness,
चाहे जीवन दुःखों से भरा हुआ हो।

Dawn will not veil her splendor,
प्रभात अपनी सुंदरता को नहीं छिपाएगा।

Or your grief,
न ही वह तुम्हारे दुःख के कारण बदलेगा।

Nor spring deny their bright appointed beauty,
और न ही वसंत अपने निश्चित उज्ज्वल सौंदर्य को रोकेगा।

To lotus blossom an Ashoka leaf.
कमल का फूल और अशोक का पत्ता अपनी सुंदरता अवश्य प्रकट करेंगे।

Nay, do not pine,
नहीं, व्याकुल मत हो।

Though life be dark with trouble,
चाहे जीवन परेशानियों से अंधकारमय हो।

Time will not pause or tarry on his way.
समय अपने मार्ग पर न रुकेगा, न ठहरेगा।

Today that seems long,
जो आज बहुत लंबा लगता है,

So strange, so bitter,
इतना अजीब और कड़वा लगता है,

Will soon be some forgotten yesterday.
वह जल्द ही बीता हुआ, भुला हुआ कल बन जाएगा।

Nay, do not weep,
नहीं, मत रोओ।

New hopes, new dreams, new faces,
नई आशाएँ, नए सपने, नए लोग,

The unspent joy of all the unborn years,
आने वाले वर्षों का अनभोगा (अभी तक न जीया गया) आनंद,

Will prove your heart a traitor to its sorrow,
तुम्हारे हृदय को उसके दुःख के प्रति बेवफा बना देगा,

And make your eyes unfaithful to their tears.
और तुम्हारी आँखों को आँसुओं से दूर कर देगा।

यह सुंदर कविता, ट्रांज़िएंस, इस जीवन के एक बहुत ही सुंदर सार को दर्शाती है। दिन लंबे हैं, दिन कड़वे हैं, दिन दुःखद हैं, लेकिन सब कुछ बदल रहा है। समय प्रतीक्षा नहीं करता, समय ठहरता नहीं है, प्रकृति अपनी सुंदरता को नहीं छिपा रही है। चीजें बदल रही हैं, दृश्य बदल रहे हैं, यह नाटक आगे बढ़ रहा है, भले ही धीमी गति से, लेकिन हर दिन नया है, हर सुबह आशाओं से भरी हुई है - नई आशाएँ, नए क्षण, नया आनंद, नया उत्साह, नई योजनाएँ, नई सीख, नए अर्थ, नई व्याख्याएँ, नई चुनौतियाँ, नई अनुभूतियाँ। **जीवन नवीनता की एक सुंदर कहानी है, हर अध्याय रोचक और रंगीन है, दुःख स्थायी नहीं हैं। चाहे दिन कड़वे हों, चाहे दिन लंबे हों, चाहे दिन भारी प्रतीत होते हों, फिर भी सब कुछ आगे बढ़ रहा है। मुझे परिस्थिति और स्वयं को अलग करना है, तब मैं सुंदरता को देखता हूँ।**

यह छोटी सी कविता **सरोजिनी नायडू** द्वारा रचित है, जो आनंद की भूली हुई लय को दर्शाती है। शोक मत करो, चाहे जीवन दुःख से भरा हुआ हो, प्रभात तुम्हारे दुःख के कारण अपनी आभा को नहीं छिपाएगा। प्रकृति हर समय अपनी सुंदरता प्रदान कर रही है और न ही वसंत कमल के फूलों और अशोक के पत्तों को उनके निर्धारित उज्ज्वल सौंदर्य से वंचित करता है। **व्याकुल मत हो, लालसा मत करो, दुःखी मत बनो, चाहे जीवन कठिनाइयों से अंधकारमय हो। समय अपने मार्ग पर न रुकेगा, न ठहरेगा।** जो आज बहुत लंबा, अजीब और कड़वा लगता है, वह शीघ्र ही एक भूला हुआ कल बन जाएगा। आज तुम्हें यह दुःख बहुत बड़ा लगता है, दिन बहुत लंबा लगता है, परिस्थितियाँ बहुत कड़वी लगती हैं, लेकिन कुछ दिनों बाद जब तुम उन्हें देखोगे तो वे महत्वहीन प्रतीत होंगी। मत रोओ, नई आशाएँ, नए सपने, नए चेहरे, आने वाले सभी वर्षों का अनभोगा आनंद, तुम्हारे हृदय को उसके दुःख के प्रति बेवफा बना देगा और तुम्हारी आँखों को उनके आँसुओं से दूर कर देगा। **समय सबसे बड़ा उपचारक है,** समय एक ब्रह्मांडीय उपचारक है।

जीवन एक यात्रा है, हर परिस्थिति कुछ सिखाती है, हर व्यक्ति जिससे तुम मिलते हो एक नया पाठ होता है। इसलिए आज हम पाँच नई बातें देखेंगे। मनोविज्ञान या न्यूरोसाइकिएट्री में इन्हें कॉग्निटिव डिस्टॉर्शनज़ कहा जाता है। ऐसी बहुत सी संज्ञानात्मक विकृतियाँ (कॉग्निटिव डिस्टॉर्शनज़) होती हैं। हम पाँच कॉग्निटिव डिस्टॉर्शनज़ को लेंगे और देखेंगे कि उनसे कैसे निपटा जाए :-

1. पर्सनलाइजेशन

यह एक ऐसी मानसिकता है जिसमें हमें लगता है कि बातें विशेष रूप से हमें ही कही जा रही हैं। हम इसे बातों को व्यक्तिगत रूप से लेना कहते हैं और इससे हम दुःखी हो जाते हैं। यदि आप किसी को सुन रहे होते हैं तो आपको लगता है कि वह व्यक्ति विशेष रूप से आपसे ही कह रहा है, यानी खुद को पीड़ित मान लेना। जब हम बातों को व्यक्तिगत रूप से लेते हैं, तो यह हमें दुःखी बना देता है।

2. निष्कर्ष पर जल्दी पहुँच जाना अर्थात धारणाएँ, अनुमान, अटकलें

मैं मान लेता हूँ कि चीजें ऐसी ही हैं, जबकि वास्तविकता इससे बहुत अलग होती है।

3. सब या कुछ नहीं सोच (ऑल-ऑर-नन थिंकिंग)

यह आदमी बुरा है, यह औरत अच्छी है - ऐसा सोचना। वास्तव में न पूरी तरह अच्छा होता है, न पूरी तरह बुरा। जीवन एक स्पेक्ट्रम है। दोनों रंगों के बीच हमेशा एक धूसर क्षेत्र होता है। अच्छे और बुरे के बीच भी बहुत कुछ होता है। हर व्यक्ति एक मिश्रण है, हर व्यक्ति अच्छाई और बुराई का संगम है। इस तरह का सीधा और अंतिम निर्णय देना, वह अच्छा नहीं है, वह अच्छा है, वह गुणी है, वह दुष्ट है, वह सकारात्मक है, वह नकारात्मक है, वह आशावादी है, वह निराशावादी है; यह **अपरिपक्वता** को दर्शाता है। वह धोखेबाज़ है, वह सत्यवादी है - मैं यह कैसे जान सकता हूँ? इसे ही **सब या कुछ नहीं** सोच कहा जाता है।

4. अति-सामान्यीकरण (ओवर-जनरलाइजेशन)

मान लीजिए आप एक परीक्षा देते हैं और असफल हो जाते हैं और फिर एक सामान्य निष्कर्ष निकाल लेते हैं - मैं असफल हूँ। यह भूल जाते हैं कि यह सिर्फ एक घटना थी।

5. मानसिक छननी (मेंटल फ़िल्टर)

दिन भर में हमारे साथ सौ बातें होती हैं, लेकिन हम केवल नकारात्मक बातों को ही याद रखते हैं और जो कुछ भी सकारात्मक होता है उसे छानकर अलग कर देते हैं।

ये पाँच संज्ञानात्मक विकृतियाँ (कॉग्निटिव डिस्टॉर्शन्स) हैं और जो व्यक्ति इन विकृतियों से पीड़ित होता है, सबसे पहले वह यह मानने को तैयार नहीं होता कि मैं यह सब कर रहा हूँ, मैं निष्कर्ष पर कूद रहा हूँ, मैं काले-सफेद सोच में फँसा हूँ, मैं अति-सामान्यीकरण कर रहा हूँ और यह अपने आप पर भी लागू हो सकता है। अब हम इनसे कैसे निपटें?

1) पर्सनलाइजेशन

हमें यह समझना होगा कि इस पूरे ब्रह्मांड में **मैं एक बहुत छोटा सा अस्तित्व हूँ और**

हर बात मेरे बारे में नहीं होती। यदि लोग किसी विषय पर चर्चा कर रहे हैं, मुझे लगता है कि वे मेरे बारे में चर्चा कर रहे हैं, मैं मान लेता हूँ कि वे मेरे बारे में बात कर रहे हैं। हम एक ऐसा अभ्यास बनाते हैं जिसमें हम परिस्थिति और स्वयं को अलग करते हैं, घटनाओं और अपने आप को अलग देखते हैं। **हर चीज मेरे बारे में नहीं है, इसलिए बातों को व्यक्तिगत रूप से लेने का कोई प्रश्न ही नहीं उठता। सैकड़ों बातें एक साथ हो रही हैं। हर मनुष्य अपने भीतर एक सागर लिए हुए है, हर व्यक्ति एक छोटा सा द्वीप है और यदि मैं बातों को व्यक्तिगत रूप से लेने लगूँ, यदि मैं पीड़ित की भूमिका निभाने लगूँ, तुमने मेरे साथ ऐसा किया, तुमने मुझसे ऐसा कहा तो यह मेरे अहंकार को दर्शाता है।** यदि मैं ऐसा कहता हूँ तो कहीं न कहीं मैं छुपकर पीड़ित बनने का खेल खेल रहा हूँ। इसे आत्म-पीड़ितता (सेल्फ-विक्टिमाइज़ेशन) भी कहते हैं। मुझे लगता है कि जो कुछ भी गलत हो रहा है, उसके लिए मैं ही जिम्मेदार हूँ। यह दोष-बोध (गिल्ट) की भावना हानिकारक होती है। भीतर का पछतावा मुझे आगे बढ़ने नहीं देता।

2) निष्कर्ष पर कूद जाना

हमें एक आवर्धक दृष्टि (मैग्निफाइंग ग्लास) रखनी चाहिए और फिर सोचना चाहिए - सत्य क्या है और मैं क्या मान रहा हूँ? **क्या यह सत्य है या मेरी कल्पना?** मुझे निष्कर्ष पर नहीं कूदना चाहिए, वास्तविकता को स्वयं प्रकट होने देना चाहिए। अक्सर हम कुछ देखते ही निष्कर्ष बना लेते हैं - यह ऐसा ही है। जैसे हम दो लोगों को साथ चलते हुए देखते हैं और कह देते हैं - वे दोस्त हैं और शायद वे मेरे खिलाफ बात कर रहे हैं। हम लोगों को झगड़ते हुए देखते हैं और निष्कर्ष निकाल लेते हैं, वे दुश्मन होंगे। लेकिन चीजें वैसी नहीं होतीं जैसी हमें दिखती हैं, वे बहुत गहरी होती हैं। दो व्यक्ति एक साथ बैठते हैं, एक ही विभाग में काम करते हैं, एक ही कार्यालय में वर्षों से साथ हैं, फिर भी उनके बीच एक "चीन की दीवार" जैसी दूरी हो सकती है; कोई वास्तविक जुड़ाव नहीं तो फिर निष्कर्ष पर क्यों कूदना? अपने निष्कर्षों को फिर से परखो। चीजों को केवल दृश्यों (सीन्स) की तरह देखो। **यदि आप निष्कर्ष निकाल भी लें तो उसे व्यक्त न करें, क्योंकि समय आपको गलत साबित कर सकता है।**

3) सब या कुछ नहीं

हर व्यक्ति में अच्छाई भी होती है और बुराई भी। हम किसी को चिल्लाते हुए देखते हैं और निष्कर्ष निकाल लेते हैं कि वह अच्छा व्यक्ति नहीं है, लेकिन उस क्रोध के पीछे शायद कोई निराशा हो, कोई अधूरी इच्छा हो, कोई पीड़ा या दुःख हो। हम किसी को दूसरे को परेशान करते हुए देखते हैं, लेकिन वह पूरी सच्चाई नहीं होती। हर व्यक्ति के भीतर एक कोमल पक्ष होता है, एक नरम कोना होता है। हर घृणा के भीतर कहीं न कहीं प्रेम का एक छिपा हुआ स्रोत होता है। इसलिए **ऐसा कुछ नहीं है जिसे पूरी तरह अच्छा या पूरी तरह बुरा कहा जा सके; सब कुछ मिला-जुला है।**

4) अति-सामान्यीकरण (ओवर-जनरलाइजेशन)

जीवन हर बार जीत नहीं देगा। यह निराशा लाएगा, यह दुःख लाएगा, यह आँसू लाएगा। मैं सीखता हूँ और आगे बढ़ता हूँ, बजाय इसके कि मैं एक सामान्य निष्कर्ष निकाल दूँ कि पूरी दुनिया मुझे दुःख दे रही है। इस दुनिया में बहुत अशांति है, बहुत अराजकता है, यह दुनिया नरक है। मैं इस निष्कर्ष पर पहुँच जाता हूँ, लेकिन मैं यह भूल जाता हूँ कि इस दुनिया में बहुत अच्छे लोग भी हैं। वर्तमान की यह अव्यवस्था और अशांति स्वर्ग की गर्भावस्था है इसलिए सामान्यीकरण मत करो। यदि एक स्कूल में एक छात्र गलती करता है, शरारत करता है तो मैं यह नहीं कह सकता कि पूरा स्कूल ही गलत या बुरा है- यह **ओवर-जनरलाइजेशन** होगा।

5) मानसिक छननी (मेंटल फ़िल्टर)

हर एक नकारात्मक घटना के लिए एक सकारात्मक बात और तीन सीख खोजो। यह एक अच्छी आदत है। वह एक अच्छी बात क्या थी जो हुई? मैंने गलती की, उससे क्या एक अच्छी बात निकली? और मैंने उससे कौन-सी तीन सीखें प्राप्त कीं? यदि कोई मुझे अपमानित करता है तो उसमें क्या एक अच्छी बात हुई? और उससे मैंने कौन-सी तीन सीखें लीं?

कोई व्यक्ति जिस पर मैं बहुत विश्वास करता हूँ, वही मुझे मुश्किल समय में छोड़ देता है, मुझे धोखा देता है, मुझे अकेला छोड़ देता है, ठीक उस समय जब मुझे उसकी सबसे अधिक आवश्यकता होती है। अब, इसमें क्या एक अच्छी बात हुई? और उससे मैंने कौन-सी तीन सीखें लीं? एक अच्छाई और तीन सीखें - **हर चीज़ में कुछ न कुछ अच्छा होता है, भले ही**

वास्तविकता अलग दिखाई दे।

एक बहुत छोटी मराठी फिल्म है, बहुत छोटी, लगभग 10–15 मिनट की। एक स्कूल का शिक्षक बच्चों को निबंध लिखने का कार्य देता है- "मेरा गाँव।" गाँव में जो कुछ भी है, उसे लिखो। यह एक ग्रामीण क्षेत्र है, एक छोटा सा स्कूल है, और शिक्षक बच्चों को होमवर्क देता है- दो पन्नों का निबंध लिखो अपने गाँव के बारे में। एक छात्र घर जाता है। यह गाँव सूखा-प्रभावित क्षेत्र है। बारिश नहीं होती, जमीन और किसान बारिश पर निर्भर हैं, लेकिन बारिश नहीं हो रही है। चारों ओर बंजर और सूखी जमीन है। युवाओं के पास रोजगार नहीं है, इसलिए वे शहरों की ओर जा रहे हैं। यह एक कठोर वास्तविकता है। वह छात्र अपने आस-पास पूछताछ करता है। उसका अपना भाई भी शहर जा रहा है। वह जमीन को देखता है - सूखी जमीन, कहीं बारिश नहीं। किसान निराश हैं। वह अपने भाई से पूछता है—"सुजलाम, सुफलाम का क्या अर्थ है?" सुजलाम - पानी से भरपूर, सुफलाम - फलों से भरपूर।

किताबों में तो लिखा है कि यह भूमि पानी और फलों से भरी हुई है, लेकिन यहाँ न फल हैं, न पानी, न हरियाली, न उपजाऊ जमीन। सब कुछ सूना है, सब कुछ सूख चुका है। वह इस सच्चाई का सामना करता है। अगले दिन वह स्कूल जाता है और शिक्षक उसका निबंध पढ़ रहे होते हैं...। और यहीं पर वह फिल्म समाप्त हो जाती है।

उसने क्या निबंध लिखा? "मेरा गाँव" - और सब कुछ खाली। बस इतना ही। यही कड़वी सच्चाई है। किताबों में जो "सुजलाम, सुफलाम" लिखा है, वह गाँव में दिखाई नहीं देता, लेकिन यही एक महत्वपूर्ण सीख है। **जीवन झटके और आघात लाता है और हर झटके के भीतर कुछ न कुछ अच्छा छिपा होता है, हर झटके में कुछ सीख होती है। इसलिए सारी नकारात्मकता के बावजूद, इस नाटक के हर उल्टे पक्ष के बावजूद, हर निराशाजनक घटना के बावजूद, आशा अभी भी जीवित है।** मन अभी भी ताज़ा है, थका हुआ नहीं है।

- सबसे पहले एक **डिटैच्ड ऑब्जर्वर** बनो। परिस्थिति और स्वयं को मत मिलाओ। यह अलग है, मैं अलग हूँ। यह सिर्फ एक दृश्य है, पूरी वास्तविकता नहीं है। **यह एक दृश्य है; कभी बहुत बुरा, कभी अच्छा।** अच्छे दृश्यों के बाद बुरे दृश्य भी आएँगे। सोचो, यदि

आप एक ऐसी फिल्म देखें जिसमें केवल प्रेम ही प्रेम हो तो वह बहुत उबाऊ लगेगी। उसमें कॉमेडी भी होती है, सस्पेंस भी होता है, सब कुछ मिला-जुला होता है।

- दूसरा है **निष्कर्ष पर कूद जाना**। वास्तविकता को परखो, एक आवर्धक दृष्टि से देखो। क्या यह सच है? जो मैं मान रहा हूँ, क्या वह सही है? या सच्चाई कुछ और है?

- तीसरा है **सब या कुछ नहीं सोच**। व्यक्तियों के बारे में कोई अंतिम निर्णय देने से पहले ठहरो, रुककर सोचो। वास्तविकता को सामने आने के लिए समय दो।

- **अति-सामान्यीकरण** - वर्तमान क्षण में जीना है, चीजों को सामान्यीकृत नहीं करना है। हर चीज़ के पीछे छिपी सुंदरता को देखना है, बजाय इसके कि हम सामान्य निष्कर्ष निकालें - यह अच्छा है, यह बुरा है, मैं जीवन में असफल होने वाला हूँ। **आज का दुःख कुछ दिनों बाद महत्वहीन हो जाएगा। हर दिन एक नया आनंद लेकर आता है, नया आनंद हमारा इंतज़ार कर रहा है।** यह पुराना दुःख है, इसकी स्मृति धीरे-धीरे मिट जाएगी और नए आनंद की स्मृति उभरकर सामने आएगी।

- अंत में है - **मानसिक छननी (मेंटल फ़िल्टर)**। नकारात्मक को ही छानकर देखने के बजाय, सकारात्मक को भी देखो। बैठकर सोचो - मैं आभारी हूँ। एक **कृतज्ञता डायरी** बनाओ, कृतज्ञता की आदत विकसित करो। हर चीज़ के लिए आभार व्यक्त करो - ये पक्षी, ये पत्ते, ये पेड़, ये इमारतें, ये दीवारें, लोग; सब कुछ। हर एक मनुष्य के प्रति, हर एक जीव के प्रति, हर एक सजीव और निर्जीव वस्तु के प्रति आभार रखो। **मैं हर चीज़ के लिए कृतज्ञता की भावना उत्पन्न करता हूँ और यही कृतज्ञता मुझे खुशी से भर देती है।**

कक्षा में एक छात्र ने शिकायत की - प्लूटो, जो नौवाँ ग्रह था, उसका क्या हुआ? जब उसे बताया गया कि अब केवल आठ ग्रह हैं और प्लूटो को हटा दिया गया है तो वह चौंक गया। उसने कहा - क्या? प्लूटो को हटा दिया गया? और मुझे किसी ने बताया भी नहीं? यह कब हुआ? **किसी भी खगोलीय पिंड को ग्रह कहलाने के लिए तीन मानदंड होते हैं - पहला, वह गोल होना चाहिए; दूसरा, उसे सूर्य के चारों ओर परिक्रमा करनी चाहिए; और तीसरा, उसका**

अपना स्पष्ट कक्ष (पथ) होना चाहिए, चूँकि प्लूटो तीसरे मानदंड को पूरा नहीं करता, इसलिए उसे ग्रह की श्रेणी से हटा दिया गया।

अब केवल आठ ग्रह हैं। तब उस छात्र ने सीधे प्रधानाचार्य के पास जाकर पूछा - प्लूटो को कब हटाया गया? प्रधानाचार्य ने कहा - बहुत पहले, 2006 में। उसने कहा - मुझे किसी ने बताया ही नहीं। वह मेरा मित्र था, हम एक ही परिवार का हिस्सा थे। मुझे बहुत बुरा लग रहा है कि अब प्लूटो एक बौना ग्रह बन गया है। अब वह बड़ा ग्रह नहीं रहा। इस तरह उसमें एक **सार्वभौमिक कृतज्ञता और भाईचारे** की भावना है। उसे दुख होता है कि प्लूटो अब ग्रह नहीं रहा - मंगल, बृहस्पति, शनि, यूरेनस जैसे ग्रहों के साथ उसका एक जुड़ाव महसूस होता है। शिक्षक ने पूछा - अलेक्ज़ैन्डर द ग्रेट कब आया था? छात्र ने कहा - मैं तो गाँव के बाहर रहता हूँ, गाँव में कौन आता है और कौन जाता है, मुझे कोई जानकारी नहीं है।

Notes :

DAY 18

जब हम कोई महान, कोई दयालु कार्य करते हैं, वह भी अचानक तो वह हमें स्वयं ही आश्चर्यचकित कर देता है और हमें शुद्ध खुशी देता है और जब हम कोई दयालु, महान कार्य नहीं करते, उससे बचते हैं, भले ही वह कठिन हो या उसमें कुछ त्याग करना पड़े तो वास्तव में हम शुद्ध आनंद को ठुकरा रहे होते हैं। **जब हम कुछ प्रेरणादायक या महान करते हैं तो वह अपने आप हमें खुशी देता है और जब हम ऐसे निःस्वार्थ कार्य नहीं करते, तो वास्तव में हम शुद्ध आनंद को 'ना' कह रहे होते हैं और हमें हर दिन महान कार्य करने के लिए प्रेरित कौन करता है? यह है मुरली। मुरली का अध्ययन, यह ज्ञान।**

जब हम प्रतिदिन मुरली का अध्ययन करते हैं तो हमें नई प्रेरणाएँ, ज्ञान के नए बिंदु, नई समझ, नई आशाएँ और नई अनुभूतियाँ प्राप्त होती हैं। नवीनता और नयापन के बिना, जीवन उबाऊपन की कहानी बन जाता है। एक ही काम को बार-बार दोहराना, बिना किसी नवीनता के वही पैटर्न, उठना, ध्यान करना, मुरली में जाना, फिर खाना, वही काम, वही दिनचर्या - सब कुछ एक जैसा। कोई रौनक नहीं, कोई उत्साह नहीं, कुछ भी नया नहीं। जीवन उबाऊपन की एक श्रृंखला बन जाता है। धीरे-धीरे हम जीवन के ऐसे चरणों में प्रवेश कर जाते हैं, जहाँ अवसाद तो नहीं होता, लेकिन मन उदास रहता है। हर समय मन नीचे रहता है, कुछ नया करने की प्रेरणा नहीं होती, बस करते जाते हैं क्योंकि करना है।

यदि आप कॉरपोरेट दुनिया में जाएँ, तो क्या देखते हैं? मीटिंग्स और मीटिंग्स और मीटिंग्स। पहली मीटिंग सुबह 9 बजे शुरू होती है। मीटिंग का एजेंडा होता है - **आज हमें क्या करना है।** पूरा दिन मीटिंग्स में ही निकल जाता है और आखिरी मीटिंग फिर रात 9 बजे होती है कि **हम वह काम क्यों नहीं कर पाए जो करना था?** कब करोगे? पूरा दिन तो मीटिंग्स में ही बीत गया। एक मीटिंग के बाद दूसरी, दूसरी के बाद तीसरी, बस मीटिंग्स ही चलती रहती हैं और मीटिंग्स में लोग वीडियो ऑफ करके कुछ और ही कर रहे होते हैं - कोई सब्जी ले रहा है, कोई वॉशरूम में है। यही सब लोगों ने कोविड के समय सीखा - वर्क फ्रॉम होम। घर से काम करते हुए लोग इंटरनेट पर नए-नए वायरस, नए कोविड स्ट्रेन खोज रहे हैं।

इस तरह जीवन बहुत उबाऊ हो जाता है। कोई नयापन नहीं रहता। एक मीटिंग के बाद दूसरी, बस यही चलता रहता है और इससे निराशा बढ़ती है। फिर कंपनियाँ कर्मचारियों के लिए एंटी-डिप्रेसेंट सेमिनार रखती हैं, वह भी छुट्टी के दिन। कर्मचारी इसलिए उदास हैं क्योंकि उन्हें छुट्टी नहीं मिलती और उसी दिन सेमिनार रख दिए जाते हैं या टीम-बिल्डिंग एक्टिविटीज़ करवाई जाती हैं, जैसे गार्डन में जाकर ग्रुप को बाँटना और कुछ गतिविधियाँ करना।

इस तरह जीवन एक जैसा रूटीन बन जाता है, न कोई बदलाव, न कोई नयापन। **सबसे ज़रूरी है इस पैटर्न को तोड़ना, सिस्टम को रीबूट करना, मन को रीसेट करना और एक नई दिनचर्या बनाना।**

अगर आप अपने अमृतवेले को देखें तो उसमें भी कभी-कभी बदलाव लाना चाहिए। जैसे किसी चित्र को देखकर उसका वर्णन करना। उदाहरण के लिए, आप शांति स्तंभ का फोटो लें, जहाँ लोग बैठे हैं और फिर उस चित्र को विस्तार से वर्णन करने की कोशिश करें या मधुबन की कोई तस्वीर देखें और सोचें - यह क्या है? मैं कहाँ हूँ? यह ब्रह्माकुमारीज़ का मुख्यालय है, यह वह स्थान है जहाँ ब्रह्मा बाबा ने अपने जीवन का अधिकतर समय बिताया। इससे मन में नए विचार आएँगे, क्योंकि आप उस चित्र पर ध्यान दे रहे हैं। यह एक नया तरीका है - **चित्र ध्यान (पिक्चर मेडिटेशन)**। आप खुद फोटो लेते हैं और उसी पर ध्यान करते हैं। जैसे ही आप अंदर प्रवेश करें, मधुबन की एक तस्वीर लें, बैठने से पहले उसे देखें और सोचें - इसमें क्या है? क्या-क्या दिख रहा है? उसका वर्णन करें। **यह एक बहुत सुंदर आदत है - तस्वीर लेना और उसका वर्णन करना।**

उदाहरण के लिए, यदि आप इस गेट की फोटो लेते हैं तो आप उसे कैसे वर्णित करेंगे? एक गेट है, गमले रखे हैं, हरे-भरे पौधे हैं, लाल फूल हैं, हवा ठंडी और ताज़ा है। गेट बंद है। रंगों का जीवंत वर्णन करो - कौन-कौन से रंग दिखाई दे रहे हैं? कौन-कौन से पौधे हैं? बाहर क्या है? किसी चित्र, दृश्य, फोटो या पोर्ट्रेट का वर्णन करना मन में नवीनता लाता है। यह ध्यान करने की एक विधि है - पिक्चर मेडिटेशन, पोर्ट्रेट मेडिटेशन। तस्वीरें खींचो, डाइनिंग में जाओ, फोटो लो और फिर उसका वर्णन करो या लिखो - ये लोग क्या कर रहे हैं? यही है नयापन। मन को हमेशा नवीनता चाहिए। अगर आप उसे बार-बार वही पुरानी चीज़ देंगे, तो वह ऊब जाएगा।

एक आदमी ट्रेन में यात्रा कर रहा है। वह अपना टिफिन खोलता है और कहता है - अरे, फिर से आलू! और बिना रुचि के खा लेता है, खुश नहीं होता। अगले दिन फिर वही टिफिन खोलता है और कहता है - अरे, फिर से आलू! वह फिर उदास हो जाता है। तीसरे दिन भी वही टिफिन खोलता है और कहता है - अरे, फिर से आलू! जो व्यक्ति उसके पास रोज़ बैठता है, वह यह सब देख रहा होता है। वह बीच में बोल पड़ता है - आप अपनी पत्नी से क्यों नहीं कहते कि कुछ नई सब्जी बनाए? वह आदमी कहता है - कौन-सी पत्नी? मैं तो अविवाहित हूँ, खुद ही बनाता हूँ। तो **हम खुद ही अपनी दिनचर्या के शिकार बन जाते हैं। कुछ नया बनाना, नया करना, यही तरीका है।** पहला, अगर आप कुछ याद रखना चाहते हैं, या कुछ समझना चाहते हैं, तो उसमें नवीनता लानी होगी।

1. दोहराव का नियम (रिपीटिशन रूल)

लेकिन वैसा दोहराव नहीं जैसा अभी बताया गया। मुरली की कोई भी एक पंक्ति लो "मैं एक शुद्ध आत्मा हूँ", "मैं प्रकाश की एक ज्योति हूँ।" अब उस पंक्ति को नए तरीके से कहने की कोशिश करो "मैं एक आयाम-रहित प्रकाश बिंदु हूँ", "मैं एक लाइटहाउस हूँ", कुछ नया बनाओ। अब इस नई पंक्ति को बार-बार याद करो- 5 बार, 10 बार। **विचार को संस्कार बनना चाहिए और वह कैसे बनेगा? दोहराव से।**

एक नया विचार, उदाहरण के लिए, मेरा अपने ऊपर पूरा अधिकार है। मैं अपनी इंद्रियों का नियंत्रक हूँ। मैं मालिक हूँ। मैं अपनी नाव का कप्तान हूँ। मैं अपने जीवन का स्वामी हूँ। एक सरल विचार - मैं अपनी नाव का कप्तान हूँ, मैं ही बॉस हूँ। मैं शक्तिशाली हूँ। मैं भूख, प्यास और स्वाद से परे हूँ - यह एक शक्तिशाली विचार है, प्रेम के साथ।

जब आप पानी पीते हैं तो एक शक्तिशाली विचार बनाइए। मैं पानी नहीं पी रहा हूँ, मैं स्पष्टता पी रहा हूँ, मैं आध्यात्मिकता पी रहा हूँ, मैं पवित्रता पी रहा हूँ। मैं दिव्यता को पी रहा हूँ। यह जीवन का अमृत है, यह स्वास्थ्य का टॉनिक है। यह पानी नहीं है, यह संतोष है जिसे मैं पी रहा हूँ। मैं पूर्ण हूँ, अब मुझे कुछ और नहीं चाहिए। जब आप एक शक्तिशाली विचार बनाते हैं और उसे बार-बार दोहराते हैं तो धीरे-धीरे वह विचार संस्कार बन जाता है। यह विचार को

संस्कार में बदलने की प्रक्रिया है।

2. दृश्य रूप में देखना (विज़ुअलाइज़ेशन)

जब आप पानी पीते हैं, तो उसे एक सजग (माइंडफुल) प्रक्रिया बनाइए। मैं पानी पी रहा हूँ, पानी की बूंदें मेरे शरीर में जा रही हैं और सब कुछ स्वस्थ हो रहा है। मेरा लीवर स्वस्थ हो रहा है, मेरा हृदय स्वस्थ हो रहा है। **स्वस्थ विचार, स्वस्थ शब्द, स्वस्थ कर्म, स्वस्थ दृष्टिकोण, स्वस्थ नजरिया, स्वस्थ मानसिकता, स्वस्थ सपने, सब कुछ स्वस्थ हो रहा है।** यह मुझे स्वास्थ्य दे रहा है। यह पानी नहीं है, यह औषधि है। यह पानी नहीं है, यह पोषण है। यह पानी नहीं है, यह अमृत है। सब कुछ संतुलित हो रहा है। पूरे सिस्टम का रीबूट हो रहा है, पूरी तरह से नया रूप ले रहा है। हमारे मन और मानसिकता में जो भी नकारात्मक "वायरस" हैं, वे निष्क्रिय हो रहे हैं।

चिकित्सा विज्ञान के अलावा भी कई प्रकार के "वायरस" होते हैं। एक है "पागलपन का वायरस", जो तब सक्रिय हो जाता है जब कोई प्रेम में पड़ता है। एक लड़का किसी लड़की के प्रेम में पड़ जाता है तो यह **"पागलपन का वायरस"** सक्रिय हो जाता है। पढ़ाई करने के बजाय वह छत पर बैठकर चाँद देख रहा है, क्योंकि उसे एक संदेश मिला - "मैं चाँद देख रही हूँ, तुम भी देखो, ताकि हमारी नजरें मिल जाएँ।" इसे ही पागलपन का वायरस कहते हैं। इस वायरस को निष्क्रिय करने के लिए "एंटीवायरस" लगाना पड़ता है। विज़ुअलाइज़ेशन एक बहुत सुंदर तकनीक है। आप चीजों की कल्पना करते हैं और यदि आप कल्पना करते हैं तो वह धीरे-धीरे होने लगता है।

उदाहरण के लिए - आज की मुरली। मैं आत्मा हूँ। शिव बाबा मेरे पिता हैं, वे ही मेरे शिक्षक और सद्गुरु हैं। मैं इसको अपने मन में चित्रित करता हूँ। वह एक शिक्षक हैं। एक विद्यालय है और शिक्षक पढ़ा रहे हैं और मैं वहाँ बैठा हूँ - इस प्रकार वे मुझे नई-नई बातें सिखा रहे हैं। वह गुरु हैं। एक आश्रम है, वह वहाँ बैठे हैं और हम शिष्य हैं। वह पिता हैं, मैं उनके साथ चल रहा हूँ, वह हमें पिकनिक पर ले जा रहे हैं। इस प्रकार मैंने एक पंक्ति को एक दृश्य (विजन) में बदल दिया और यह दृश्य और गहराई तक चला जाता है, लेकिन इसके लिए अभ्यास की

आवश्यकता है। **बिना अभ्यास के विज़ुअलाइज़ेशन संभव नहीं है और विज़ुअलाइज़ेशन का सबसे अच्छा अभ्यास है लिखना।** किसी भी चीज़ का वर्णन करें।

नक्की लेक की तस्वीर लें और बताइए कि आप क्या देख रहे हैं। कोई भी पहाड़ की तस्वीर लें और उसका वर्णन करें - सूरज उग रहा है, पहाड़ हैं। दो पहाड़ आपस में बात कर रहे हैं, बादल हैं, पक्षी चहचहा रहे हैं और उड़ रहे हैं। एक ऊबड़-खाबड़ पहाड़ है, सूखी रेत है, सूखी मिट्टी है, चारों ओर हरियाली है, कुछ गाँव हैं, कुछ लोग इधर-उधर घूम रहे हैं। कुछ वाहन खड़े हैं, सड़क घुमावदार है, तितलियाँ हैं जो जैसे गीत गा रही हैं। इस तरह मैंने सबका वर्णन किया। **जब मैं वर्णन कर लेता हूँ तो विज़ुअलाइज़ेशन आसान हो जाता है। इसलिए विज़ुअलाइज़ेशन मुरली को याद रखने की एक महत्वपूर्ण तकनीक है, आप उसे दृश्यों में बदल देते हैं।**

3. एसोसिएशन (जोड़ना)

जब तक हम नई चीज़ को किसी जानी-पहचानी चीज़ से नहीं जोड़ते, तब तक हमें वह याद नहीं रहती। हमें चीज़ों को आपस में जोड़ना होता है। जैसे आप एक शब्द जानते हैं और एक नया शब्द सीखते हैं। उदाहरण के लिए - अभी हमने "मैग्नैनिमस" शब्द सुना। "मैग्नैनिमस" का अर्थ है उदार, यानी बड़ा दिल वाला। तो मैं "बड़ा दिल" शब्द जानता हूँ, "मैग्नैनिमस " नहीं जानता। अब मैंने दोनों को जोड़ दिया मैग्नैनिमस (magnanimous) = बड़ा दिल (उदार)। इसी तरह जोड़ने से याद रखना आसान हो जाता है। अब मुझे याद हो गया, इसे ही एसोसिएशन (जोड़ना) कहते हैं। इसलिए अनजानी चीज़ को जानी-पहचानी चीज़ से जोड़ो, नई को पुरानी से जोड़ो। जब हम ऐसा करते हैं, तो हमारी याददाश्त मजबूत हो जाती है। इसे ही एसोसिएशन कहते हैं।

4. कहानी (स्टोरी)

पूरी मुरली को एक कहानी में बदला जा सकता है। एक आत्मा है जो इधर-उधर घूम रही है। अब वह आत्मा अपने पिता से मिलती है। पिता उस आत्मा को गुरु, फिर शिक्षक से परिचित कराते हैं। आत्मा आगे बढ़ती है और फिर निर्णय लेती है कि मुझे नए संसार का राजा बनने के लिए पवित्र बनना है। तो वह तपस्या करती है और धीरे-धीरे पवित्र बनती जाती है और अब स्वर्ग में प्रवेश कर रही है। यह एक कल्पनात्मक कहानी है जो मैंने बनाई। **पूरी मुरली से मैंने एक**

कहानी बना ली और जब मैं इस कहानी को अपने मन में बार-बार दोहराता हूँ तो यह स्थायी हो जाती है। इस तरीके से आप सार, प्रश्न-उत्तर, मुख्य बिंदु, आशीर्वाद, स्लोगन - सब कुछ याद रख सकते हैं। भले ही आप कुछ ही चीज़ें याद रखें, वह भी अच्छा है। पूरे वरदान को पहले भागों में बाँटें, फिर उसमें कीवर्ड्स रखें, फिर एक फ्लोचार्ट या आकार-चित्र बनाएं। उस फ्लोचार्ट से अब एक कहानी बनाएं। अब इस कहानी को मन में एक बार दोहराएं फिर यह स्थायी हो जाएगी। यह है स्टोरी मेथड।

5. लोकेशन मेथड/ मेमोरी पैलेस मेथड

आप स्थान (लोकेशन्स) बनाते हैं जैसे स्थान- 1: शांति स्तंभ, 2: हिस्ट्री हॉल, 3: बाबा का कमरा, 4: बाबा की कुटिया, 5: आँगन, 6: रिसेप्शन, 7: ओम शांति भवन, 8: बाबा का कमरा, 9: लाइब्रेरी, 10: मेडिटेशन हॉल।

अब आपके पास 10 स्थान हैं और मुरली के 10 पॉइंट्स हैं जिन्हें आपको याद रखना है। जैसे - प्रेम का अर्थ यह है, प्रेम यह करता है, प्रेम ऐसा होता है तो हर एक पॉइंट को एक-एक स्थान पर रख दीजिए। बस और तब आप याद रख पाएंगे। यह किसी भी चीज़ को याद रखने का एक तरीका है। आप अपनी नई लोकेशन्स भी बना सकते हैं। हमने पिछली क्लास में **100 लोकेशन्स** भी बनाई थीं, आप उन्हें फिर से दोहराएँ और रोज़ इस्तेमाल करें या आप **"हैंगर्स"** बना सकते हैं - ये 10 हैंगर्स हैं: 1, 2, 3, 4, 5, 6, 7, 8, 9, 10।

हैंगर 1 : एक बादल (क्लाउड) और इसी तरह हर नंबर के साथ एक चित्र जोड़ दीजिए। 2 है इंद्रधनुष, 3 है परी, 4 है हवाई जहाज़, 5 है चाँद, 6 है तारा, 7 है बारिश, 8 है पक्षी, 9 है गर्जन (बिजली की गड़गड़ाहट) और 10 है पर्वत। तो ये हैं 10 हैंगर्स। अब मुझे कोई भी संख्या याद रखनी है तो मैं इन हैंगर्स को उसमें जोड़कर एक कहानी बना लेता हूँ। यही है दिमाग की कसरत, यही है **ब्रेन एक्सरसाइज़**।

आप जानते हैं, मध्य प्रदेश में एक जगह है जहाँ एक स्कूल में बच्चे दोनों हाथों से लिखते हैं। इसे **एम्बिडेक्स्ट्रस** कहते हैं - दोनों हाथों से लिखना और वह भी अलग-अलग भाषाओं में। एक हाथ से हिंदी, दूसरे से मराठी, या एक से उर्दू, एक से संस्कृत, इस तरह 5–6 भाषाएँ तक।

छोटे-छोटे बच्चे दोनों हाथों से लिखने का अभ्यास करते हैं। पहले महीने प्रमुख हाथ (डॉमिनेंट हैंड) से, दूसरे महीने गैर-प्रमुख हाथ (नॉन-डॉमिनेंट हैंड) से और फिर दोनों हाथों से। यह क्या है? यह मस्तिष्क को सक्रिय करना है। आप इसका वीडियो भी देख सकते हैं - उस स्कूल का नाम है **विनवदिनी स्कूल, सिंगरौली (मध्य प्रदेश)**।

ये छात्र तीन घंटे की परीक्षा को एक घंटे में पूरा कर लेते हैं क्योंकि वे दोनों हाथों से लिखते हैं। इस तरह उन्हें प्रशिक्षित किया जाता है - पहले छोटे-छोटे काम गैर-प्रमुख हाथ से करना, जैसे ब्रश करना, फिर लिखना और फिर दोनों हाथों से अलग-अलग भाषाओं में लिखना, इससे बुद्धि का स्तर स्वतः बढ़ता है। इसलिए हमें भी ऐसे नए-नए तरीके अपनाते रहना चाहिए।

Notes :

DAY 19

यह कविता एमिली डिकिन्सन द्वारा लिखी गई है और दो तितलियों के बारे में है।

At first, these two butterflies were on the earth, on a farm.
शुरुआत में ये दो तितलियाँ धरती पर, एक खेत में थीं।

Then they started flying and moved into the sky.
फिर उन्होंने उड़ना शुरू किया और आकाश में चली गईं।

After that, they rested on a beam of light.
उसके बाद वे प्रकाश की एक किरण पर ठहर गईं।

And finally, they flew away towards a shining sea.
और अंत में वे एक चमकते हुए समुद्र की ओर उड़ गईं।

What is interesting is—
रोचक बात यह है कि—

nobody noticed them.
किसी ने भी उन्हें नहीं देखा।

The birds did not recognize them,
पक्षियों ने उन्हें नहीं पहचाना,

no ships—neither warships nor merchant ships—had any information about them,
न किसी युद्धपोत और न ही किसी व्यापारिक जहाज़ को उनके बारे में कोई जानकारी थी,

and even the ports had no record of their arrival.
और यहाँ तक कि बंदरगाहों पर भी उनके आने का कोई रिकॉर्ड नहीं था।

The poet herself says—she also does not know where they went. कवयित्री स्वयं कहती हैं—उन्हें भी नहीं पता कि वे कहाँ चली गईं।

ये दो तितलियाँ पहले धरती पर थीं, एक खेत में। फिर उन्होंने उड़ना शुरू किया और आकाश की ओर चली गईं। उसके बाद वे प्रकाश की एक किरण पर आकर ठहर गईं। फिर वे दोनों एक चमकते हुए समुद्र की ओर उड़ गईं। आश्चर्य की बात यह है कि किसी ने भी उन्हें नोटिस नहीं किया। दूर बैठे पक्षियों ने भी उन्हें नहीं पहचाना। न तो किसी युद्धपोत ने और न ही किसी व्यापारिक जहाज़ ने उन्हें देखा। किसी भी बंदरगाह पर उनके आने की कोई सूचना नहीं थी। यहाँ तक कि कवयित्री भी कहती हैं कि उन्हें भी नहीं पता कि वे तितलियाँ कहाँ चली गईं।

ये तितलियाँ पहले खेत में थीं, फिर आकाश में गईं, उसके बाद प्रकाश की किरण पर ठहरीं और अंत में समुद्र की ओर चली गईं, लेकिन किसी को भी उनके बारे में कोई जानकारी नहीं है - न पक्षियों को, न जहाज़ों को और न ही बंदरगाह को। यह पूरी यात्रा बिल्कुल शांत और अनदेखी रही।

ये तितलियाँ आध्यात्मिक जीवन का प्रतिनिधित्व करती हैं। ये तितलियाँ स्वतंत्रता की प्रतीक हैं। वे धरती पर हैं, वे आकाश में हैं, वे समुद्र में हैं और फिर भी अनदेखी रहती हैं। **आध्यात्मिक जीवन एक शांत जीवन है, जो किसी पहचान या प्रसिद्धि की इच्छा नहीं रखता।** ये तितलियाँ रहस्यमयी हैं, ठीक वैसे ही जैसे आध्यात्मिक जीवन भी रहस्यमयी होता है। वे ध्यान आकर्षित नहीं करतीं, वे नाम और प्रसिद्धि नहीं चाहतीं। वे चुपचाप, बिना किसी के ध्यान में आए आगे बढ़ती रहती हैं।

वास्तविक क्रांति भी इसी तरह मौन में होती है। क्रांति शहरों के शोर-शराबे में नहीं होती, बल्कि हृदय की शांत गुफाओं में होती है। क्रांति मन की एकांतता में होती है। क्रांति अनजानी जगहों पर घटित होती है। इसलिए आध्यात्मिक जीवन मौन का जीवन है, जितना गहरा मौन होगा, उतनी ही गहरी अनुभूतियाँ होंगी। जितनी कम इच्छाएँ होंगी, उतना अधिक अनुभव होगा।

अब ये पाँच तरीके हैं, जिनसे हम दिव्यता के साथ जुड़ सकते हैं। ये पाँचों आज की

अव्यक्त मुरली पर आधारित हैं, जिसमें बाबा ने चार प्रकार के विश्वास (निश्चय) के बारे में बताया और उनमें सबसे कठिन चौथा है परिवार वाला निश्चय।

1. रॉयल वॉक

यह स्वयं पर विश्वास से जुड़ा है। ऐसा नहीं है कि हमें भगवान पर विश्वास नहीं है - **बाबा पर हमारा विश्वास 100% है, लेकिन अपने आप पर विश्वास भी उतना ही आवश्यक है।** यदि परिस्थितियाँ मुझे निराश कर देती हैं तो मैं हताशा में चला जाऊँगा और इस मार्ग पर लंबे समय तक नहीं चल पाऊँगा। इसलिए यह एक सुंदर अभ्यास है, जिसमें आप एक आत्म-सम्मान का भाव लेते हैं, जैसे "मैं एक श्रेष्ठ आत्मा हूँ", "मैं चुने हुए लोगों में से एक हूँ", "भगवान द्वारा चयनित, चुना हुआ आत्मा हूँ।" बहुतों को बुलाया गया, लेकिन कुछ ही चुने गए और मैं उन्हीं में से एक हूँ। अब इस आत्म-सम्मान (स्मृति) को लेकर आप एक शांत वॉक करें। हमारे हाव-भाव हमारे भीतर की स्थिति को प्रकट करते हैं। आप 15 मिनट, 20 मिनट या आधा घंटा चल सकते हैं। पहले किसी आत्म-सम्मान को पढ़ें, फिर उसी भावना में चलते रहें।

2. एंटी-डिस्करेजमेंट नोटबुक

जब भी कोई नकारात्मक विचार आए - जैसे "मैं यह नहीं कर सकता", "यह असंभव है", "यह बहुत कठिन है", "सब कर सकते हैं लेकिन मैं नहीं", "मैं कम पढ़ा-लिखा हूँ", "मुझे भाषा नहीं आती", "मैं बोल नहीं सकता", "यह काम मेरे लिए मुश्किल है" तो तुरंत उसके विपरीत विचार लिखें। जैसे "मैं कर सकता हूँ", "यह संभव है", "मैं सीख सकता हूँ", "मैं सक्षम हूँ"।

जब भी मन में कमजोरी या नकारात्मकता आए, तो अपने आप से कहें **"बाबा मेरे साथ है"** या ऐसा ही कोई सकारात्मक विचार। विपरीत विचार लिखना मन को नया रूप देता है। आप जो लिखते हैं, वही बनते हैं। बार-बार लिखें - "मैं एक शक्तिशाली आत्मा हूँ।" भले ही बीच-बीच में कमजोरी के विचार आएँ, लेकिन लिखना मन को फिर से रीसेट और रीवायर कर देता है। लिखते समय अपने दिल और आत्मा की भावनाओं को पूरी तरह कागज़ पर उतार दें, इसलिए **एंटी-डिस्करेजमेंट नोटबुक** बहुत उपयोगी है। अगर दुःख के विचार आएँ तो लिखें, **"मैं इस पृथ्वी की सबसे खुश आत्मा हूँ।** मैं हर पल आनंदित हूँ। हर क्षण एक उत्सव है, हर घड़ी एक पर्व

है। मैं खुशी से भरा हूँ, मैं उछलता हूँ, मैं नृत्य करता हूँ, मैं हल्का हूँ, मैं खुशी की तितली हूँ।" जब आप लिखते हैं, तो आपकी लेखनी आपके विचारों को आकार देती है। लेखन नए संस्कार बनाता है, इसलिए आपकी पेन या पेंसिल और आपकी नोटबुक आपके सबसे अच्छे मित्र होने चाहिए।

3. **मिकी माउस प्रैक्टिस**

जब भी आप कठिन परिस्थितियाँ, कठिन लोग या कठिन कार्मिक हिसाब देखें, तो यह सोचें कि यह एक कार्टून शो चल रहा है। यह सिर्फ एक सीन है और मैं इससे अलग हूँ। किसी कठिन स्थिति को देखते समय कोई मज़ेदार बात या जोक याद करें।

उदाहरण के लिए एक छात्र भगवान से प्रार्थना कर रहा था, "हे भगवान, जम्मू-कश्मीर को अफगानिस्तान की राजधानी बना दो।" उसके मित्र ने पूछा - "तुम ऐसी प्रार्थना क्यों कर रहे हो?" उसने कहा - "क्योंकि मैंने परीक्षा में यही लिखा है।" यह दिखाता है कि **हास्य (कॉमेडी) कठिन परिस्थितियों के लिए एक उपचार है।** जब आप बहुत गंभीर स्थिति में भी हास्य खोज लेते हैं तो यह एक कला है। गंभीर परिस्थितियाँ आपको गंभीर, दुखी और निराश बना देती हैं। जब आप उदास हों तो जोक्स पढ़ना शुरू करें। जब आप दुखी हों तो बच्चों के साथ खेलना शुरू करें।

एक स्क्रिप्ट राइटर था। उसने बहुत मेहनत से एक फिल्म की स्क्रिप्ट लिखी। पहले उसे कई बार रिजेक्ट किया गया था, लेकिन इस बार उसे बहुत उम्मीद थी, लेकिन उसे डायरेक्टर का फोन आया - "तुम्हारी स्क्रिप्ट बहुत यूनिक नहीं है। पब्लिक को कुछ नया, कुछ अलग चाहिए, इसलिए मैं तुम्हारी स्क्रिप्ट नहीं ले सकता। तुम रिजेक्ट हो।" यह सुनकर वह युवा बहुत दुखी हो गया। उसे समझ नहीं आ रहा था कि इस अस्वीकार (रिजेक्शन) को कैसे स्वीकार करे।

वह एक दुकान पर जाता है और आत्महत्या करने के लिए एक रस्सी खरीदता है। वह अपने कमरे में आता है और बेचैनी से इधर-उधर घूमता रहता है। फिर वह सोचता है कि अपने जीवन को समाप्त करने से पहले क्यों न थोड़ा बाहर टहल लिया जाए। वह बाहर निकलता है

और देखता है कि कुछ बच्चे खेल रहे हैं। वे रस्सी वाला खेल खेल रहे हैं, दो बच्चे रस्सी पकड़कर खड़े हैं और एक बच्चा बीच में कूद रहा है। आश्चर्य की बात यह है कि वही रस्सी है - वही दुकान, वही रंग और वही गुणवत्ता जो उसने अपने लिए खरीदी थी। वह बच्चों को देखता है; वे मासूम हैं, आनंदित हैं। बीच में कूदने वाला बच्चा शारीरिक रूप से कमजोर होने के बावजूद खुशी से खेल रहा है। यह दृश्य देखकर उसका दृष्टिकोण बदल जाता है और वह फिर से जीवन की ओर लौट आता है।

इस कहानी का संदेश यह है कि **जीवन में कठिन परिस्थितियाँ और असफलताएँ आएँगी, लेकिन हमें उन्हें एक "ड्रामा" की तरह देखना चाहिए, जैसे कोई कार्टून या कॉमेडी चल रही हो।** लोग कॉमेडी इसलिए देखते हैं क्योंकि जीवन में बहुत तनाव होता है और वे कुछ समय के लिए उससे बाहर निकलना चाहते हैं। उसी तरह हमें भी परिस्थितियों को हल्केपन से लेना सीखना चाहिए।

4. व्हाय टू वॉव रिप्लेसमेंट

(हर शिकायत या सवाल को स्वीकार और सराहना में बदलना) - हम अक्सर हर बात पर "क्यों" पूछते रहते हैं - यह क्यों हुआ, लोग ऐसे क्यों हैं, वे समझते क्यों नहीं। हमारे मन में बहुत अपेक्षाएँ होती हैं, खासकर अपने परिवार और आध्यात्मिक साथियों से और यही अपेक्षाएँ हमें दुखी करती हैं। इसलिए हर "**व्हाय**" को "**वॉव**" में बदलना है—स्वीकार करने और सराहने की भावना लानी है।

बाबा कहते हैं कि जीवन में कई परीक्षाएँ होती हैं, लेकिन "परिवार" का पेपर सबसे कठिन होता है, बाकी परीक्षाएँ हम आसानी से पास कर लेते हैं, लेकिन परिवार के संबंधों में संस्कारों का टकराव और अहंकार का घर्षण होता है, इसलिए यह सबसे चुनौतीपूर्ण होता है। यही वह क्षेत्र है जहाँ हमें सबसे अधिक समझ, धैर्य और स्व-परिवर्तन की आवश्यकता होती है क्योंकि यहाँ स्वीकार की आवश्यकता होती है। आपको दूसरों के संस्कारों को स्वीकार करना पड़ता है, उन्हें सहन करना पड़ता है और उनके प्रति शुभभावना और पवित्र भाव रखना होता है। ये सभी बातें बहुत कठिन होती हैं। इसलिए "व्हाय" को "वॉव" में बदलना है।

जब भी आप किसी कठिन व्यक्ति या कठिन परिस्थिति को देखें, तो यह न सोचें - "वह ऐसा क्यों करता है?", "यह परिस्थिति मेरे साथ ही क्यों आई?", "कब बदलेंगे ये लोग?" बल्कि "वॉव" कहना सीखें। इसका अर्थ यह नहीं है कि हम उनके गलत व्यवहार को प्रोत्साहित कर रहे हैं, बल्कि इसका अर्थ है कि हम अपने भीतर सम्मान बनाए रखते हैं। यह चौथा पेपर "परिवार" का है, जहाँ हर आत्मा अलग है। यहाँ दो चीजें एक साथ स्थापित हो रही हैं— **धर्म और राज्य**। संन्यासियों का मार्ग आसान होता है, क्योंकि वे दूर चले जाते हैं, इसलिए उन्हें अधिक संघर्ष नहीं करना पड़ता, लेकिन **यहाँ आपको कठिन लोगों के साथ रहना होता है- एक कठोर बॉस, न सुनने वाले जूनियर्स और असहयोगी सहकर्मी, यही असली चुनौती है।** इस परिवार में आप कह सकते हैं - "वाह परिवार!" यहाँ अहंकार के टकराव हैं, प्रतिस्पर्धा है, ईर्ष्या है, क्रोध है, कभी-कभी झगड़े और ठंडी लड़ाई भी होती है। इसलिए यह चौथा पेपर सबसे कठिन माना जाता है। यह 25-25-25-25 के चार हिस्सों वाला 100 अंकों का निष्ठा का पेपर है। इसमें 80% अंक भी सर्वोच्च माने जाते हैं।

5. फैमिली कॉन्शियसनेस

यह प्रभु परिवार है। इस परिवार में भगवान को पाना ही बहुत दुर्लभ है। इसलिए जो आत्माएँ भगवान को पा चुकी हैं, वे साधारण आत्माएँ नहीं हैं, वे विशेष आत्माएँ हैं। वे भी अलग-अलग पृष्ठभूमि से आए हुए लोग होते हैं - मान लो 10 लोग हैं, 10 अलग-अलग पृष्ठभूमि, अलग भाषाएँ, अलग बचपन, अलग शिक्षा, अलग संस्कार और अलग-अलग इच्छाएँ। जब ऐसे 10 लोग एक ही स्थान पर साथ रहते हैं तो वह अपने आप में एक चुनौतीपूर्ण अनुभव बन जाता है। इसलिए प्रश्न उठता है कि इस तरह के वातावरण में **तनाव को कैसे कम किया जाए।** जैसे कुछ लोग बम को निष्क्रिय करते हैं, उसी तरह हमें भी कुछ टेक्नीक्स सीखनी चाहिए ताकि हम समूह के भीतर के तनाव को शांत कर सकें।

इसका एक तरीका है **हास्य (कॉमेडी, ह्यूमर, जोक्स)** - जब माहौल हल्का होता है तो तनाव अपने आप कम होने लगता है। दूसरा तरीका है **पिकनिक, ग्रुप एक्टिविटीज और टीम-बिल्डिंग गतिविधियाँ**, जहाँ लोग मिलकर कुछ करते हैं। प्रकृति के बीच जाना भी बहुत प्रभावी होता है, नेचर में समय बिताने से मन शांत होता है और तनाव कम हो जाता है। **भोजन** भी एक

महत्वपूर्ण तरीका है - कहते हैं दिल तक पहुँचने का रास्ता पेट से होकर जाता है। जब आप किसी को प्रेम से अच्छा भोजन खिलाते हैं तो संबंध मधुर बनते हैं और दूरी कम होती है। इसी तरह लोग **ग्रुप मेडिटेशन, ग्रुप डिस्कशन, ब्रेनस्टॉर्मिंग या मुरली चिंतन** जैसे छोटे-छोटे समूह बना सकते हैं, क्योंकि किसी भी समूह में कभी-न-कभी तनाव आ ही जाता है, इसलिए उसे संतुलित करने के लिए हल्की और सकारात्मक गतिविधियाँ आवश्यक हैं - जैसे **ग्रुप वॉक, ग्रुप डांस, ग्रुप सिंगिंग, पिकनिक आदि। साथ ही कुछ व्यक्तिगत गतिविधियाँ** भी जरूरी हैं, जैसे अकेले प्रकृति के पास जाकर उसे देखना और महसूस करना।

इन सभी अभ्यासों का उद्देश्य यही है कि जब भी मन में "व्हाय" आए, तो हम उसमें उलझने के बजाय उसे पहचानें। "व्हाय" एक प्रकार का जाल है - "यह मेरे साथ क्यों हुआ?", "वह ऐसा क्यों करता है?", "उसे ऐसा नहीं करना चाहिए", "वह यहाँ क्यों है?", "वह छुट्टी पर क्यों नहीं जाता?", "वह अपने घर क्यों नहीं जाता?" ऐसे कई "व्हाय" मन में आते रहते हैं, 10 दिन के लिए आराम करने क्यों नहीं जाते? उनकी सेहत इतनी अच्छी कैसे है? वे हमेशा समय पर कैसे आ जाते हैं, कभी देर क्यों नहीं करते? ऐसे अनगिनत "क्यों" हमारे मन में चलते रहते हैं, लेकिन हमें इन "**क्यों**" को बदलना है - "**वाह, बाबा वाह! वाह ड्रामा है।**"

इस ड्रामा में कितने अलग-अलग दृश्य हैं, कितनी चुनौतियाँ हैं, कितने विरोध हैं। यही विरोध हमें सतर्क बनाए रखते हैं, वरना हम ढीले पड़ जाते। इसलिए **जागरूक रहना है, व्यस्त रहना है और आलोचना को भी स्वीकार करना है, क्योंकि वही हमें आगे बढ़ाती है।** इस पूरे परिवार को एक ड्रामा की तरह देखना है। स्वयं परमात्मा भी एक **निर्लिप्त दर्शक** हैं, इसलिए वे कभी विचलित नहीं होते। हमें भी उसी तरह स्थिर और शांत रहना है। यही हैं ये पाँच सरल लेकिन शक्तिशाली अभ्यास।

Notes :

DAY 20

यह एमिली डिकिन्सन की एक छोटी कविता है, इसमें दो तैराकों की कहानी है।

Two swimmers wrestled on the spar
दो तैराक एक तख़्ते पर जूझ रहे थे

Until the morning sun
जब तक कि सुबह का सूरज न उग आया

When One turned smiling to the land
तभी एक मुस्कुराता हुआ किनारे की ओर मुड़ गया

Oh God! the Other One!
हे ईश्वर! दूसरा...!

The stray ships passing
भटकी हुई नौकाओं ने गुज़रते हुए

Spied a face Upon the waters borne
पानी पर तैरता एक चेहरा देखा

With eyes in death still begging raised
जिसकी आँखें मृत्यु में भी याचना करती उठी थीं

And hands beseeching thrown!
और हाथ विनती में फैले हुए थे!

दो तैराक एक लकड़ी के टुकड़े को पकड़कर संघर्ष कर रहे थे। वे डूबने वाले थे और उनका संघर्ष सुबह तक चलता रहा। सुबह होने पर क्या हुआ? उनमें से एक मुस्कुराते हुए किनारे तक पहुँच गया अर्थात वह बच गया। लेकिन दूसरा तैराक डूब गया। कविता में कहा गया है, "ओह भगवान" जिसका अर्थ है कि वह मर चुका है। अगले दिन कुछ जहाज़ वहाँ से गुजर रहे

थे और जहाज़ पर मौजूद लोगों ने दूसरे तैराक की मृत देह को देखा। उसका चेहरा ऐसा लग रहा था मानो अभी भी मदद माँग रहा हो। उसकी आँखें मृत्यु में भी विनती करती हुई प्रतीत हो रही थीं और उसके हाथ ऐसे थे जैसे वे किसी अधूरी इच्छा को व्यक्त कर रहे हों।

कविता यहीं एक दुखद भाव के साथ समाप्त होती है - दो तैराक एक लकड़ी के टुकड़े को पकड़े हुए संघर्ष कर रहे थे। "स्पार" का अर्थ है लकड़ी का वह टुकड़ा। सुबह तक संघर्ष चलता रहा और फिर एक तैराक किनारे पर पहुँच गया, जबकि दूसरा डूब गया। गुजरते हुए जहाज़ों ने पानी में उसकी मृत देह देखी; उसका चेहरा, उसकी आँखें और उसके हाथ जैसे अब भी सहायता की गुहार लगा रहे हों।

यह कविता जीवन की अनिश्चितता को दर्शाती है। कौन जीवित रहेगा और कौन नहीं, यह हम नहीं जानते। हम अपने कर्म करते हैं, लेकिन उनका परिणाम क्या होगा, यह मनुष्य के लिए अज्ञात रहता है। यह भाग्य, संयोग और पिछले कर्मों का एक जटिल खेल है। जैसे दो मरीज एक ही बीमारी के साथ अस्पताल में भर्ती होते हैं; एक बच जाता है और दूसरा नहीं। क्यों? इसका उत्तर देना बहुत कठिन है।

एक कार का एक्सीडेंट होता है, एक व्यक्ति बच जाता है, दूसरा मर जाता है। क्यों? इस कविता में भी दो तैराक पूरी रात जीवन के लिए संघर्ष कर रहे थे। सुबह तक आते-आते उनमें से एक मर गया और दूसरा किनारे तक पहुँच गया। किनारे तक पहुँचना जीवित रहने या विजय का संकेत है, जबकि दूसरे का डूब जाना असफलता को दर्शाता है।

अगले दिन जब जहाज़ वहाँ से गुजर रहे थे तो लोगों ने उस मृत शरीर को देखा। उसका चेहरा ऐसा प्रतीत हो रहा था मानो अभी भी जीवित हो और सहायता माँग रहा हो। उसके हाथ भी जैसे मदद के लिए प्रार्थना कर रहे हों। यह अधूरी इच्छाओं का प्रतीक है। जीवन घटनाओं और परिस्थितियों का एक जटिल और सूक्ष्म खेल है। यह मानो एक स्वप्न-जैसा मंच है, एक भ्रम या माया जैसा दृश्य है। यह वास्तव में क्या है, इसे समझ पाना कठिन है। केवल **एक ही बात निश्चित है और वह है परिवर्तनशीलता और अनिश्चितता। अनिश्चितता ही इस जीवन की एकमात्र निश्चितता है।**

सब कुछ बदल रहा है, बहुत तेजी से बदल रहा है। सब कुछ अस्थायी है। जो आज सत्य लगता है, वह कल असत्य हो सकता है। जो लोग आज हमारे आसपास हैं, वे कल हमारे साथ हों, यह निश्चित नहीं है। हर चीज़ निरंतर बदल रही है। जीवन अनिश्चितताओं की एक श्रृंखला है - घटनाओं, परिस्थितियों, कहानियों और उपकथाओं का एक सिलसिला। आज जीवन है, कल मृत्यु - सब कुछ परिवर्तनशील है। हमारे आसपास जो कुछ भी है, वह क्षणभंगुर है। हमें लगता है कि वह है, लेकिन वह पल भर में चला जाता है। हम उसे पकड़ने की कोशिश करते हैं, लेकिन वह गायब हो जाता है। इस असुरक्षित और संवेदनशील दुनिया में स्थिर रहना एक कठिन कार्य है। फिर भी बाबा हमें नए-नए तरीके और तकनीक सिखाते रहते हैं, ताकि हम सत्य में स्थिर रह सकें।

आज हम ऐसी पाँच नई बातों पर ध्यान देंगे :-

1. माइक्रो-इंटेंशन सेटिंग

किसी भी कार्य को करने से पहले एक छोटा-सा संकल्प बनाइए, मैं यह काम क्यों कर रहा हूँ? हर छोटे कार्य से पहले अपने मन में एक स्पष्ट विचार रखें। मैं यह कार्य इसलिए कर रहा हूँ क्योंकि यह मुझे और अधिक दिव्य बनाएगा। मैं यह भोजन इसलिए करता हूँ क्योंकि यह मेरे भीतर हल्कापन स्थापित करेगा। मैं यह पानी इसलिए पीता हूँ क्योंकि इससे मैं पवित्रता को आत्मसात करता हूँ। मैं टहलने जाता हूँ क्योंकि जब मैं चलता हूँ, तो मुझसे फरिश्ते जैसी तरंगें फैलती हैं और मैं पृथ्वी को ऊर्जा प्रदान करता हूँ। मेरी दृष्टि दिव्य, निर्मल और पवित्र है। मैं खाता हूँ, पीता हूँ, चलता हूँ, बोलता हूँ, हर जगह मैं दिव्य ऊर्जा का प्रसार करता हूँ। हर क्षण पवित्रता का आदान-प्रदान हो रहा है। इसलिए एक छोटा-सा संकल्प (**माइक्रो-इंटेंशन**) बनाइए। जब मैं लिखता हूँ तो मैं सिर्फ लिख नहीं रहा हूँ, बल्कि अपने अवचेतन को नया रूप दे रहा हूँ। जब मैं बोलता हूँ तो आत्माएँ अपने परमपिता को याद करती हैं। जब मैं सोता हूँ तो मेरा सोना भी एक ध्यान है।

कल हमने सुना कि जब कोई आपको सोते हुए देखे तो उसे भी आत्म-स्मृति का अनुभव होना चाहिए। यह दिव्य नींद है, ध्यानमय नींद, जिसे समाधि कहा जाता है। **हमारे शरीर को**

वास्तव में नींद की नहीं, बल्कि विश्राम की आवश्यकता होती है और ध्यान सबसे गहरी नींद है, जो सच्चा और गहरा विश्राम देती है। मौन सबसे गहरी नींद है इसलिए हर कार्य से पहले एक माइक्रो-इंटेंशन सेट करें। "क्यों?", यह "क्यों" बहुत महत्वपूर्ण है। मैं यह क्यों कर रहा हूँ? मैं यहाँ क्यों बैठा हूँ? मैं क्यों खाता हूँ, क्यों पीता हूँ, क्यों सोता हूँ, क्यों चलता हूँ, क्यों बोलता हूँ? इसका उद्देश्य क्या है? इसका गहरा अर्थ क्या है? यही पहला अभ्यास है - **माइक्रो-इंटेंशन सेटिंग।**

2. पास्ट क्लोज़र रिचुअल

कल हमने निश्चय के चार मुख्य स्तंभों के बारे में भी सुना था, जिनमें तीसरा "ड्रामा" है। पास्ट क्लोज़र रिचुअल का अर्थ है, अतीत की जो भी यादें हैं, दुख हैं, आघात हैं, उन्हें हर सुबह एक बॉक्स में पैक करके बाबा को सौंप देना। इससे मन हल्का होता है और हम वर्तमान में जीने की शक्ति प्राप्त करते हैं। आप कहते हैं, "आप इसे संभाल लीजिए।" इसे एक रिचुअल बना दीजिए। जैसे भक्ति में पूजा, विधियाँ और परंपराएँ होती हैं, जिन्हें लोग बहुत व्यवस्थित और नियमित तरीके से करते हैं, उसी तरह आप भी एक अपनी विधि तैयार करें। एक कल्पनात्मक बॉक्स बनाइए और उसमें अपने सारे अतीत के अनुभव, दुख, यादें और बोझ रख दीजिए। फिर उस बॉक्स को बाबा को सौंप दीजिए, "अब आप इसका ध्यान रखें, यह मेरा अमृतवेला का उपहार है।"

आप चाहें तो वास्तव में एक बॉक्स की कल्पना करें और उसमें एक-एक करके सब कुछ डालते जाएँ। मन वास्तविकता और कल्पना में अंतर नहीं करता, इसलिए इस अभ्यास को पूरी निष्ठा, सावधानी और नियमितता के साथ करें। यह एक बहुत अच्छा प्रयोग है - **पास्ट क्लोज़र रिचुअल**। इसमें आप अतीत को पूरी तरह बंद कर देते हैं। आप चाहें तो उस बॉक्स पर ताला भी लगा सकते हैं, अब वह समाप्त हो चुका है, वह मर चुका है, वह अब मेरे जीवन की कहानी का हिस्सा नहीं है। मेरी कहानी आगे बढ़ चुकी है। **इस जीवन में बहुत से लोग आए और चले गए। अब वे मेरी यात्रा का हिस्सा नहीं हैं - उनकी यात्रा अलग है, मेरी यात्रा अलग है। इस तरह का स्पष्ट और दृढ़ संकल्प आपको अतीत से अलग कर देगा। यह कोई समूह यात्रा नहीं है, यह अस्तित्व की व्यक्तिगत यात्रा है।** हर व्यक्ति अपनी मंज़िल की ओर जा रहा है। इसलिए

पास्ट क्लोज़र रिचुअल बहुत महत्वपूर्ण है।

3. थॉट लॉक सिस्टम

लेकिन इसके लिए पहले स्थिर मुद्रा में बैठने का अभ्यास करें - इसे "**अधिष्ठान**" कहा जाता है। बिना हिले-डुले, बिल्कुल स्थिर बैठें। बौद्ध परंपरा में भी, दस पुण्यों में से एक यह है कि व्यक्ति बिना हिले-डुले, पर्वत की तरह स्थिर बैठ सके। "पहाड़ की तरह बैठना" - यानी पूर्ण स्थिरता, शांति और एकाग्रता का अनुभव करना। सीधे बैठें, रीढ़ को सीधा रखें और एक योगी जैसी मुद्रा बनाएँ। ऐसे बैठें जैसे कोई बुद्ध बैठा हो, जैसे महावीर बैठे हों, जैसे कोई महान तपस्वी बैठा हो; अडिग, अचल, पर्वत के समान स्थिर। कोई भी परिस्थिति आपको विचलित न करे, कोई भी शारीरिक अनुभूति आपको परेशान न करे।

आप पूरी तरह शांत, स्थिर और संतुलित रहें, इसमें आप एक विचार को लेकर पूरे एक घंटे तक उसी पर केंद्रित रहते हैं। मन इधर-उधर भटकने की कोशिश करेगा, लेकिन आपको उसे बार-बार वापस उसी एक विचार पर लाना है। मन स्वभाव से चंचल है, बहुत तेज, बहुत अस्थिर। ऐसे में क्या करें? जैसा कि **भगवद् गीता में कहा गया है - "अभ्यास और वैराग्य" के द्वारा मन को नियंत्रित किया जा सकता है।** मन हवा के समान चंचल है, लेकिन लगातार अभ्यास से उसे नियंत्रित किया जा सकता है। बार-बार के अभ्यास से मन धीरे-धीरे आपके नियंत्रण में आ जाता है।

मन एक जंगली घोड़े की तरह है - असंयमित, अनियंत्रित, लेकिन इसे प्रशिक्षित किया जा सकता है, इसे दिशा दी जा सकती है। मन को प्रोग्राम किया जा सकता है। जैसे आप तय करते हैं कि आपको क्या खाना है और क्या नहीं, कहाँ जाना है और कहाँ नहीं, वैसे ही आप यह भी तय कर सकते हैं कि मन को किस विचार में रखना है इसलिए **थॉट लॉक सिस्टम** का अभ्यास करें - एक विचार लें, जैसे "मैं एक शक्तिशाली आत्मा हूँ।" अब इस एक विचार के साथ बैठ जाएँ। **चाहे कुछ भी हो जाए, अपने स्थान से न हिलें, अपने विचार से न हटें। ऐसी अडिग और अटल मानसिक स्थिति आपको स्थितप्रज्ञ योगी बनाती है, जहाँ मन पूर्णतः स्थिर और नियंत्रित हो जाता है। एक योगी वह होता है जिसकी बुद्धि स्थिर होती है।**

4. ग्रैटिट्यूड फ्लैश प्रैक्टिस

चाहे जो भी परिस्थिति हो, उसमें कुछ न कुछ अच्छा अवश्य देखें। हर दिन एक जैसा नहीं होता। इसलिए हर गलती से कुछ न कुछ सीख लें और उसके लिए कृतज्ञता का भाव रखें। "यह क्यों हुआ?", "ऐसा नहीं होना चाहिए था", "यह बहुत गलत है" - ऐसा सोचने के बजाय हर परिस्थिति में आभार का भाव विकसित करें। **यहाँ बात दूसरों के प्रति कृतज्ञता की नहीं, बल्कि अपने जीवन के प्रति कृतज्ञता की है।** जो भी हुआ, उससे सीख लें। मान लीजिए किसी दिन अमृतवेला छूट गया; यह ठीक नहीं है, लेकिन अब वह हो चुका है, आप उसे बदल नहीं सकते। जैसे दूध एक बार गिर जाए तो वापस नहीं आ सकता। अब उससे सीख लें।

याद रखें, **मन तुलना से सीखता है।** यह एक बहुत शक्तिशाली बात है। जब मैंने अमृतवेला किया तो पूरे दिन मैं बहुत शक्तिशाली था। आज मैंने अमृतवेला नहीं किया तो दिन की गुणवत्ता कैसी रही? वह कमज़ोर हो गई। कल मैंने हल्का भोजन किया था, पूरे दिन मैं हल्का, उड़ता हुआ महसूस कर रहा था।

आज मैंने भारी भोजन किया तो मन भारी, सुस्त और बोझिल हो गया। बार-बार नींद आने लगी। मैं उठता हूँ और फिर से सोने का मन करता है। मैं चलता हूँ, लेकिन विचार उलझे हुए, धुंधले और अस्पष्ट हो जाते हैं। जबकि कल, हल्का भोजन करने पर मन, हृदय - सब कुछ बिल्कुल साफ था। मैं ऊर्जावान था, सहज था, और बिना विचलित हुए एक घंटे तक स्थिर बैठ सकता था। आज कॉनसेंट्रेशन जैसे गायब हो गया है, इसलिए कहा जाता है कि मन तुलना से सीखता है। यदि किसी दिन अमृतवेला छूट भी जाए तो उससे सीख लें, तुलना करके समझें कि फर्क क्या पड़ा। इससे मस्तिष्क फिर से जागृत होता है।

इच्छाओं से लड़ना नहीं चाहिए। कई बार मन करता है कि कुछ खाएँ और हम उसी से संघर्ष करने लगते हैं खाऊँ या न खाऊँ? लेकिन जब आप इच्छाओं से लड़ते हैं तो आप सफल नहीं होते। **आपको उन्हें समझना है, उनकी जड़ तक पहुँचना है और गहराई से काम करना है तभी परिवर्तन संभव होता है।** इसलिए अपने असफलताओं के लिए भी कृतज्ञता रखें। हर परिणाम आपके हाथ में नहीं होता। जैसे उस कविता में दो तैराक थे - एक बच गया, दूसरा डूब

गया। क्यों? यह कहना कठिन है। इसमें भाग्य, संयोग और कर्मों का जटिल खेल होता है। परिणाम उन सभी चीजों का योग होता है जो घटित हुई हैं।

5. कर्मा कैमरा तकनीक

कल्पना करें कि एक कैमरा है जो आपके हर कर्म को रिकॉर्ड कर रहा है। जब हम जानते हैं कि हमारी रिकॉर्डिंग हो रही है, तो हम हर चीज़ का ध्यान रखते हैं - हमारा व्यवहार कैसा है, हमारी आवाज़ कैसी है, हम कैसे दिख रहे हैं। ठीक उसी तरह, हर क्षण यह महसूस करें कि एक अदृश्य कैमरा आपके हर कार्य को रिकॉर्ड कर रहा है। आपका हर कर्म, हर क्रिया, हर व्यवहार उसकी नज़र में है। आप जैसे किसी निगरानी में हैं - जैसे CCTV कैमरे 24 घंटे, 7 दिन चालू हैं। ऐसा अनुभव करें कि जैसे कोई समूह आपको देख रहा है - आप जो भी कर रहे हैं, वह सब स्पष्ट रूप से दिखाई दे रहा है। यह भावना आपको सजग, जिम्मेदार और सचेत बनाए रखेगी। मानो कोई आपको सीधे देख रहा है, इसलिए आप पूरी तरह सतर्क हो जाते हैं। अब आप लापरवाह रवैया नहीं रख सकते। ध्यान बहुत जरूरी है।

एक कर्मचारी ने एक नए उम्मीदवार से पूछा - "हमें इस काम के लिए एक जिम्मेदार व्यक्ति चाहिए।" उस व्यक्ति ने कहा -"मैं ही वह व्यक्ति हूँ, मैं इस काम के लिए बिल्कुल उपयुक्त हूँ।" बॉस ने पूछा - "कैसे?" उसने जवाब दिया -"मेरी पिछली कंपनी में जब भी कोई गलती होती थी, वे कहते थे - तुम जिम्मेदार हो। इसलिए मैं सबसे ज्यादा जिम्मेदार व्यक्ति हूँ।" इसका संकेत यह है कि हमें हर कार्य में पूरी जिम्मेदारी और सजगता रखनी चाहिए।

अब पुनः पाँच अभ्यासों की ओर आएँ :-

- **पहला है माइक्रो-इंटेंशन सेटिंग**- कोई भी कार्य बिना सोचे - समझे / इम्पल्सिवली न करें। कुछ सेकंड लें, एक छोटा-सा संकल्प बनाएँ, फिर कार्य शुरू करें।
- **दूसरा है पास्ट क्लोज़र**- अतीत में जो भी हुआ; अच्छा या बुरा - उसे बंद करें और जाने दें। प्राचीन रोम में एक परंपरा थी। जब कोई योद्धा युद्ध जीतकर लौटता था तो उसका भव्य स्वागत किया जाता था, सड़कों को सजाया जाता, लोग तिलक लगाते, गीत गाते, उसकी विजय का उत्सव मनाते। लेकिन एक खास बात थी, उस विजयी योद्धा के पीछे

एक सेवक खड़ा रहता था, जो लगातार उसे याद दिलाता रहता था - "यह विजय स्थायी नहीं है। लोग जल्द ही तुम्हें भूल जाएँगे। इन प्रशंसाओं में मत बहो। यह खतरा है, यह खतरा है।" इस परंपरा का उद्देश्य था कि योद्धा अहंकार में न आए और ज़मीन से जुड़ा रहे। इसी तरह हमें भी अपने अतीत, चाहे वह सफलता हो या असफलता, को पकड़कर नहीं रखना है। पास्ट क्लोज़र रिचुअल में सब कुछ एक बॉक्स में डालकर सौंप देना है। वह समाप्त हो चुका है। अतीत अब "मृत" है उसे ढोने की जरूरत नहीं है। "मैं अब पुराने मृत अनुभवों को अपने साथ नहीं ढोऊँगा।"

- **अगला अभ्यास है थॉट लॉक सिस्टम** - एक विचार लें; विशेष रूप से आप इसे दोपहर के समय कर सकते हैं। एक विचार चुनें, जैसे "मैं एक शक्तिशाली आत्मा हूँ" और उसी विचार के साथ बैठ जाएँ। अपने शरीर को पूरी तरह स्थिर कर लें, हाथ लॉक, आँखें बंद, पैर स्थिर और उस विचार में टिक जाएँ। एक घंटे का अलार्म लगा लें और बिल्कुल न हिलें। मन इधर-उधर भागना चाहेगा, कुछ करने की इच्छा होगी, लेकिन आपको कुछ भी नहीं करना है। चाहे मच्छर आएँ, परेशान करें; उन्हें भी सहन करें।

  जैसे पहले तपस्वी जंगलों में तपस्या करते थे और मच्छरों के बीच भी अडिग रहते थे, वैसे ही धीरे-धीरे आप भी इस अभ्यास में मजबूत होते जाएँगे और मन पर विजय प्राप्त करेंगे।

- **अगला अभ्यास है ग्रैटिट्यूड टेक्नीक** - हर परिस्थिति में कृतज्ञता रखें। कोई आपको अपमानित करे- उसे धन्यवाद दें। कोई आपकी आलोचना करे- उसे धन्यवाद दें। कोई मज़ाक उड़ाए या टांग खींचे- उसे भी धन्यवाद दें। कोई शिकायत करे- उसे भी धन्यवाद दें, और कोई आपकी प्रशंसा करे- उसे भी धन्यवाद दें।

  जो कुछ भी हो रहा है, वह इस जीवन-नाटक का हिस्सा है। मैं इस खेल की हर स्थिति को स्वीकार करता हूँ; हर खिलाड़ी, हर पात्र, हर दृश्य को स्वीकार करता हूँ। यह कहानी सुंदर है, इसलिए "वाह-वाह" कहते रहें।

- **अंत में है कर्मा कैमरा टेक्नीक** - ऐसा अनुभव करें कि कोई आपको देख रहा है - जैसे

एक अदृश्य कैमरा हर समय आपके हर कर्म को रिकॉर्ड कर रहा है। मानो आप एक मैग्निफाइंग लेंस के नीचे हैं, जहाँ आपकी हर छोटी-बड़ी क्रिया पर ध्यान दिया जा रहा है। यह भावना आपको हर क्षण सजग, जिम्मेदार और सचेत बनाए रखेगी।

Notes :

DAY 21

मन हुआ शिवमय, मनमनाभव का संगीत।
भाव हुआ शिवमय,शिवमनाभव का गीत॥
श्वासों में गूँजे मनमनाभव, प्राणों में बसे शिवमनाभव।
शिव बाबा की याद में मगन, मन को लगी ऐसी लगन॥
हर लहर में शिव का गान, मिटा देह का भान।
रोम-रोम में बसा एक नाम — शिवमनाभव... शिवमनाभव...
हर प्रश्न का उत्तर – शिवमनाभव
हर श्वास का स्वर – शिवमनाभव
हर तूफ़ान का तट – शिवमनाभव
हर साधना का पथ – शिवमनाभव
हर रात्रि का प्रभात – शिवमनाभव
हर प्रतीक्षा की सौगात – शिवमनाभव
हर भूल का बोध – शिवमनाभव
हर जन्म का शोध – शिवमनाभव
हर कारण का निवारण – शिवमनाभव
हर आत्मा का प्रण – शिवमनाभव
हर समस्या का समाधान – शिवमनाभव
हर योगी का प्राण – शिवमनाभव
हर ख़जाने की कुंजी – शिवमनाभव
हर पूण्य की पूंजी – शिवमनाभव
हर अंधकार का दीपक – शिवमनाभव
हर चेतना में व्यापक – शिवमनाभव
हर बन्धन से मुक्ति – शिवमनाभव
हर तृष्णा की तृप्ति – शिवमनाभव

हर पिंजरे का आकाश – शिवमनाभव
हर मन का प्रकाश – शिवमनाभव
हर परीक्षा का साहस – शिवमनाभव
हर पल का सुहास – शिवमनाभव
हर घाव का मरहम – शिवमनाभव
हर दोष पर रहम – शिवमनाभव
हर मोह का विराग – शिवमनाभव
हर तप की आग – शिवमनाभव
हर बन्धन से मुक्ति – शिवमनाभव
हर संकल्प की शक्ति – शिवमनाभव
हर भय का ताबीज़ – शिवमनाभव
हर जय का बीज – शिवमनाभव
हर हृदय का आश्रय – शिवमनाभव
हर कदम में निश्चय – शिवमनाभव
हर आँसू की मुस्कान – शिवमनाभव
हर दिल का गान – शिवमनाभव
हर अभाव की सम्पन्नता – शिवमनाभव
हर संघर्ष की सहजता – शिवमनाभव
हर पीड़ा की राहत – शिवमनाभव
हर ऊर्जा की आहट – शिवमनाभव
हर रोग का इलाज – शिवमनाभव
हर योग का ताज – शिवमनाभव
हर शब्द का सार – शिवमनाभव
हर गले का हार – शिवमनाभव
हर थकान का विश्राम – शिवमनाभव
हर सीता का राम – शिवमनाभव

हर कण्ठ का जप – शिवमनाभव

अजपा सा एक जाप – मनमनाभव

हर लहर में शिव का गान,

मिटा देह का भान।

रोम-रोम में बसा एक नाम —शिवमनाभव... शिवमनाभव...

हर लहर में शिव का गीत बहता है। देह-चेतना मिट जाती है। हर कोशिका में एक ही नाम बसता है - शिवमनाभव। **जब मन दिव्यता के साथ जुड़ जाता है, तब सब कुछ शिवमय हो जाता है। जब मन सही अवस्था में होता है तो उसे हर प्रश्न का उत्तर मिल जाता है।** लेकिन जो मन विचलित होता है, वह लगातार उत्तर खोजता रहता है। यह एक प्रकार का आध्यात्मिक बिखराव है। जब मन परमात्मा के साथ तालमेल में नहीं होता तो उसकी ऊर्जा बिखर जाती है, लेकिन जब मन दिव्यता से जुड़ जाता है तो वह एकाग्र हो जाता है और बिना किसी प्रयास के जीवन के गहरे रहस्य स्पष्ट होने लगते हैं।

मन को दबाना नहीं है, न ही उसे रोकना है और न ही उस पर ज़बरदस्ती करनी है। हमें मन को शिक्षित करना है। केवल यह कहना कि **"बाबा को याद करो"** पर्याप्त नहीं है, बल्कि उसे यह समझाना है कि इससे उसे हल्कापन और शक्ति मिलती है। जब लाभ स्पष्ट होते हैं, तो वही लाभ आदत को मजबूत करते हैं। इसलिए **उद्देश्य बहुत महत्वपूर्ण है - "मैं यह क्यों कर रहा हूँ?"**। आज 21 दिन के इस अभ्यास का अंतिम दिन है। हर दिन हमने कुछ तरीके, उपाय और छोटे-छोटे अभ्यास सीखे, जिनसे मन को प्रशिक्षित किया जा सके। आज हम उन अंतिम और सबसे महत्वपूर्ण सिद्धांतों को समझते हैं, जिन्हें हम पहले से जानते भी हैं और अभ्यास भी कर रहे हैं।

- **पहला है आत्मा की स्मृति** - यह हमें हमारी असली पहचान देता है। मैं आत्मा हूँ, शरीर नहीं; न मेरा कोई भूमिका, न पेशा, न संबंध, न भावनाएँ - मैं इन सबसे परे एक आत्मा हूँ। यही आध्यात्मिकता का सबसे शुद्ध रूप है, यही उसका सार है।

- **दूसरा है परमात्मा की स्मृति-** इससे हमें शक्ति मिलती है। जब आत्मा परमात्मा से

जुड़ती है, तो वह भरपूर ऊर्जा और बल प्राप्त करती है।

- **तीसरा है ड्रामा की समझ** - इससे हमें स्थिरता मिलती है। जब हम जीवन को एक नाटक की तरह देखते हैं, तो हम परिस्थितियों से विचलित नहीं होते।
- **चौथा है समय की स्मृति** - यह हमें सजग और तत्पर बनाती है। समय सीमित है, इसलिए हर क्षण को सार्थक बनाना आवश्यक है।
- **पाँचवाँ है श्रीमत का पालन**- यह हमें सही दिशा देता है। जब हम ऊँचे निर्देशों के अनुसार चलते हैं, तो हमारा जीवन सही मार्ग पर चलता है।

1. आत्मा की स्मृति (सोल कॉन्शसनेस)

आध्यात्मिक जीवन की शुरुआत आत्मा की स्मृति से होती है। जब तक हम इसमें दृढ़ नहीं होते, तब तक आगे के चरणों को पूरी तरह अनुभव करना कठिन होता है। यह पहला वर्ष है, यह दूसरा वर्ष है। जब मैं प्रतिदिन अपने भीतर आत्मा के नए-नए पहलुओं को अनुभव करता हूँ और धीरे-धीरे अधिक सोल कॉन्शसनेस बनता हूँ, तभी वास्तविक परिवर्तन होता है। **सोल कॉन्शसनेस केवल "मैं आत्मा हूँ, मैं आत्मा हूँ" इस प्रकार की तोते जैसी रट लगाने से नहीं आती।** इस तरह की दोहराव से सच्चा अनुभव नहीं होता। **सोल कॉन्शसनेस का अर्थ है - अपने अस्तित्व के गहरे स्वरूप को समझना, स्वयं को जानना।**

मेरे भीतर क्या चल रहा है? मैं कौन हूँ? मैं क्या कर रहा हूँ? मुझे क्या करना है? मुझे कहाँ पहुँचना है? मेरे अंदर क्या छिपा हुआ है? इन प्रश्नों के उत्तर खोजने का नाम ही **सोल कॉन्शसनेस** है।

मोरक्को में एक इमाम (आध्यात्मिक गुरु) थे। वे दिन-रात एक कुएँ की रखवाली करते थे। एक व्यक्ति को यह देखकर आश्चर्य हुआ। उसने पूछा - "आप एक इमाम हैं, आपको मस्जिद में होना चाहिए, फिर आप इस कुएँ के पास क्यों रहते हैं?" इमाम ने कहा - "इस कुएँ में एक रहस्य है, इसमें खुदा का निवास है।" वह व्यक्ति चौंक गया और बोला - "यह क्या बात हुई? यह तो गलत है, खुदा कुएँ में कैसे हो सकता है?" इमाम ने कहा - "जाकर स्वयं देख लो।" वह

व्यक्ति कुएँ के पास गया, उसमें झाँका। पानी बिल्कुल शांत था, उसमें कोई लहर नहीं थी। उसने उसमें अपना ही प्रतिबिंब देखा। उसने वापस आकर कहा - "मुझे तो उसमें मैं ही दिखा।" इमाम ने कहा - "यही सत्य है। खुदा तुम्हारे भीतर छिपा हुआ है।"

जब हम आत्मचेतना में आते हैं तो परमात्म-चेतना अपने आप प्रकट होने लगती है। जब आत्मा शुद्ध और स्वच्छ होती है तो उसमें परमात्मा का प्रतिबिंब स्पष्ट दिखाई देता है। इसलिए **पहला कदम है आत्म-चेतना।** इसे अलग-अलग तरीकों से अनुभव करना है, समझना है, न कि केवल तोते की तरह दोहराना। "मैं आत्मा हूँ, मैं आत्मा हूँ, मैं आत्मा हूँ", केवल इतना दोहराना पर्याप्त नहीं है। **वास्तविक समझ तब आती है जब हम आत्मा की गहराई को जानने का प्रयास करते हैं।** आत्मा की रचना क्या है, उसका स्वरूप कैसा है, उसकी कार्यप्रणाली कैसी है - इन सबको समझना आवश्यक है।

आत्मा का क्षेत्र, उसकी यात्रा, उसका इतिहास, उसकी भाषा, उसका व्याकरण - इन सभी पहलुओं को जानना ही सच्ची सोल कॉन्शसनेस है। आत्मा का स्वभाव क्या है? उसकी गहराई और आयाम क्या हैं? उसका रूप कैसा है? उसका वस्त्र क्या है? उसकी यात्रा कहाँ से शुरू होती है और उसका घर कहाँ है? आत्मा का पिता कौन है? उसका लक्ष्य क्या है? उसका भूमिका क्या है? उसके संस्कार क्या हैं? उसकी शक्तियाँ और विशेषताएँ क्या हैं? उसके गुण क्या हैं? और समय के साथ आत्मा का पतन कैसे होता है - इन सबको बिना किसी अपराध-बोध के समझना है।

जब हम गिरते हैं, तो अपराध-बोध में जाने के बजाय समझ विकसित करनी चाहिए - यह क्यों हुआ? चिंतन मन को पुनर्जीवित करता है, इसलिए उस पर विचार करें। **केवल "मैं आत्मा हूँ" दोहराने के बजाय आत्मा के बारे में लिखें, सोचें, मनन करें और उसका अनुभव करें।** आत्मा का स्वभाव कैसा है? उसके रंग कैसे हैं? उसकी अनुभूति कैसी है? उसे महसूस करें, जैसे छूना, सुनना, सूंघना। आत्मा का स्वाद कैसा है? क्या वह मीठी है? क्या कभी आपने उसका अनुभव किया है? क्या वह कड़वी है या खट्टी? आत्मा की ध्वनि कैसी है? उसका स्पर्श कैसा है? उसका स्वरूप कैसा है? इन सब प्रश्नों पर गहराई से सोचें, खोजें और जानें कि आत्मा कहाँ है। सबसे महत्वपूर्ण प्रश्न यह है कि तुरंत किसी निष्कर्ष पर न पहुँचें। यह न मान लें कि

आत्मा यहीं है, बल्कि यह कहें - "शायद यहाँ हो सकती है, शायद वहाँ हो सकती है।" इसी प्रकार खोज की शुरुआत होती है।

जैसे गणित में हम किसी बात को सिद्ध करने के लिए पहले मानते हैं कि "यह बराबर नहीं है", फिर पूरी प्रक्रिया के बाद अंत में निष्कर्ष निकलता है - "हाँ, यह बराबर है।" उसी प्रकार, यह मानकर न चलें कि आत्मा यहीं हृदय में है या माथे के बीच में है, सिर्फ इसलिए कि किसी ने ऐसा कहा है। यह खोज स्वयं करनी है। किसने कहा? किसी ने बताया और हमने मान लिया - ऐसा क्यों? विश्वास करने से पहले खोज कहाँ है? अनुसंधान कहाँ है? **सत्य को स्वयं खोजिए, केवल इसलिए स्वीकार मत कीजिए कि किसी और ने कहा है। यह अपनी यात्रा है, अपनी खोज है।**

2. परमात्मा की स्मृति (सुप्रीम सोल कॉन्शसनेस)

यह हमें सुरक्षा का अनुभव कराती है। यह संसार अनिश्चितता से भरा हुआ है, जैसे कोई उच्च शक्ति हमें सहारा दे रही हो, संरक्षण दे रही हो। यह दुनिया बहुत अस्थिर है, यहाँ की घटनाएँ अनपेक्षित होती हैं। ऐसे में जब मैं अनुभव करता हूँ कि **"बाबा मेरे साथ हैं, मैं सुरक्षित हूँ,"** तो भीतर एक भरोसा, एक आश्वासन उत्पन्न होता है। यह सुरक्षा एक तरह से गारंटी के साथ आती है - मानो जीवनभर का संरक्षण। एक बार जुड़ने के बाद भी इसे रोज़-रोज़ याद के माध्यम से पुनः सक्रिय करना पड़ता है। हर सुबह उस स्मृति को जागृत करना होता है। तब अनुभव होता है कि वह मेरे साथ हैं, मेरे आसपास हैं, मेरे साथ चल रहे हैं और हर कदम पर मेरा सहारा बन रहे हैं।

3. नाटक की स्मृति (ड्रामा कॉन्शसनेस)

यह हमें स्थिरता देती है। मैं समझता हूँ कि यह केवल एक दृश्य है, बस इतना ही। यह दृश्य है और जल्दी ही बदल जाएगा, इसलिए यह मुझे प्रभावित नहीं करता। **सब कुछ बदल रहा है और हर घटना केवल एक दृश्य है।** कोई मेरी प्रशंसा करे या कोई डाँटे, अपमान करे - यह भी केवल एक दृश्य है, जो बदल जाएगा। यही नाटक की समझ मुझे स्थिर बनाए रखती है।

4. समय की स्मृति (टाइम कॉन्शसनेस)

यह हमें तत्परता और जागरूकता देती है। मैं अपना समय बेकार की बातों, गपशप, अनावश्यक चर्चाओं, मीडिया या व्यर्थ की जानकारियों में नष्ट नहीं करता। मैं जागरूक हूँ कि हर क्षण मेरे लिए अनमोल है। मैं अपने समय को महत्व देता हूँ। **समय एक मुद्रा की तरह है, इसे व्यर्थ नहीं किया जा सकता।** जैसे कुछ लोग धन के प्रति बहुत लोभी होते हैं - क्या वे अपना पैसा व्यर्थ खर्च करते हैं? बिल्कुल नहीं। उनके लिए पैसा ही सब कुछ होता है।

एक उदाहरण है, एक व्यक्ति को न्यायाधीश के सामने लाया गया, उसने कोई अपराध किया था और वह बहुत लोभी था। उसे तीन विकल्प दिए गए - पहला, 5 किलो मिर्च खाना; दूसरा, कोड़े (चाबुक) के प्रहार सहना; और तीसरा, 50,000 रुपये का जुर्माना देना। उसने कहा - मैं जुर्माना नहीं दूँगा। उसने पहला विकल्प चुना, 5 किलो मिर्च खाना, लेकिन 2 किलो खाने के बाद उसने कहा, यह बहुत ज्यादा है, मैं दूसरा विकल्प चुनता हूँ, फिर उसे कोड़े मारने शुरू किए गए, लेकिन 2-3 कोड़े खाने के बाद ही वह गिर पड़ा और बोला - बस, अब नहीं सह सकता। अंत में उसने कहा - ठीक है, मैं जुर्माना देने को तैयार हूँ।

यह सब केवल इसलिए हुआ क्योंकि वह अपना पैसा बचाना चाहता था। **लोग धन के प्रति इतने आसक्त होते हैं कि उसे बचाने के लिए कुछ भी सहने को तैयार हो जाते हैं।** जहाँ कहीं कोई ऑफर दिखता है, वे तुरंत वहाँ पहुँच जाते हैं और सबसे पहले पूछते हैं - "क्या यह मुफ्त है?"

जैसे एक लोभी व्यक्ति अपने धन की बहुत सावधानी से रक्षा करता है, वैसे ही हमें भी समय के प्रति लोभी बनना है। जैसे वह अपने पैसे को बचाकर रखता है, वैसे ही हमें अपने समय की रक्षा करनी है। समय ही धन है, समय ही मुद्रा है - हर सेकंड, हर मिनट, हर घंटा अत्यंत मूल्यवान है। जो कुछ भी मैं करता हूँ, वह स्थायी रूप से रिकॉर्ड हो रहा है। यदि मैं एक गलती करता हूँ तो वह भी रिकॉर्ड हो जाती है और बार-बार दोहराई जा सकती है।

5. श्रीमत कॉन्शसनेस

"श्री" का अर्थ है ऊँचा, श्रेष्ठ; और "मत" का अर्थ है राय या निर्देश। इसलिए **श्रीमत का अर्थ है - उच्च, दिव्य मार्गदर्शन।** यह एक प्रकार का दिव्य आदेश है, जिसे हमें केवल पालन करना है।

जब हम श्रीमत के अनुसार चलते हैं तो हमारे कर्म हमें हल्कापन और खुशी का अनुभव कराते हैं। इसलिए किसी भी कार्य, भाषण या सेवा से पहले यह जाँच लें - क्या मैं श्रीमत के अनुसार हूँ? यदि हाँ, तो आगे बढ़ें। श्रीमत को समझना एक जीवनभर की प्रक्रिया है। यह हर व्यक्ति के लिए थोड़ा अलग हो सकता है - उसके पेशे, जीवनशैली, दिनचर्या और जिम्मेदारियों के अनुसार, लेकिन मर्यादाएँ सभी के लिए समान होती हैं।

आत्मा की स्मृति हमें पहचान देती है। परमात्मा की स्मृति हमें शक्ति देती है। नाटक की समझ हमें स्थिरता देती है। समय की स्मृति हमें तत्परता देती है कि मुझे आगे बढ़ना है, मुझे पहुँचना है, मुझे व्यर्थ चीजों में समय नहीं गंवाना है। कुछ लोग अपना बहुत सारा समय भोजन के इर्द-गिर्द ही बिता देते हैं - क्या बनाना है, क्या खरीदना है, क्या खाना है - उनका पूरा जीवन उसी में घूमता रहता है। यह समय की सबसे बड़ी बर्बादी बन सकता है, क्योंकि भोजन कभी स्थायी संतोष नहीं देता। कुछ घंटों बाद फिर भूख लग जाती है। इसलिए एक नई चेतना विकसित करें - जहाँ समय का सही उपयोग हो, जीवन का उद्देश्य स्पष्ट हो और हर क्षण सार्थक बन सके।

भोजन पर काम मत करो, समय पर काम करो। भोजन पर नहीं, ऊर्जा पर ध्यान दो। मैं उच्च चेतना चाहता हूँ, मुझे हल्कापन चाहिए, मुझे स्पष्टता चाहिए - ऐसे विचार पैदा करो। तब स्वाभाविक रूप से हर भारी चीज़ से दूरी बनने लगेगी। यदि मैं यह खाता हूँ तो भारीपन महसूस होता है, यदि वह खाता हूँ तो हल्कापन महसूस होता है। मुझे हल्कापन चाहिए, इसी पर ध्यान दो। लोग भोजन पर काम करते रहते हैं, पर तुम्हें भोजन पर बिल्कुल काम नहीं करना है, तुम्हें अपनी ऊर्जा पर काम करना है। प्रकृति की ओर जाओ, प्रकृति में बैठो, उसे महसूस करो। हर सुबह सूर्य को देखो और उसकी किरणों को अपने भीतर समाहित करो। प्राण ऊर्जा से भर जाओ - मैं प्राण से परिपूर्ण हूँ।

जैसे एक बैटरी पूरी तरह भरी होती है 100% तो उसे कुछ और चाहिए ही नहीं। उसी प्रकार **जब मैं भीतर से पूर्ण हूँ तो मुझे बाहर से कुछ लेने की आवश्यकता नहीं लगती।** तब भोजन महत्वहीन हो जाता है। यह सवाल नहीं रहता कि स्वादिष्ट है या नहीं, पका है या कच्चा, फल है या तरल, सब अप्रासंगिक हो जाता है क्योंकि मैं पहले से ही पूर्ण हूँ। यह अवचेतन का

पुनर्निर्माण है। मैं भोजन पर काम नहीं कर रहा हूँ, मैं अपने मन पर काम कर रहा हूँ। मैं नए विचार बना रहा हूँ। ध्यान ही मेरा भोजन है, खुशी ही मेरा भोजन है। मैं खुशी से भरा हूँ, इसलिए मेरा पेट भरा हुआ है। फिर भी मैं खाता हूँ, लेकिन खाने और मेरे बीच एक दूरी है। इसे ही स्वतंत्रता कहते हैं।

स्वतंत्रता यह नहीं कि मैं यह खाऊँगा या नहीं खाऊँगा, बल्कि यह कि भोजन मुझे बाँध नहीं सकता, वह मेरी आदत या लत नहीं बनता। मैं चाहूँ तो आज खाऊँ और अगले तीन दिन न खाऊँ, मैं स्वतंत्र हूँ। एक दिन पका हुआ खाऊँ, अगले दिन फल खाऊँ, कोई लालसा नहीं। चेतना को बदलो, पक्षियों की आवाज़ मेरा भोजन है, ताज़ी हवा मेरा भोजन है, पानी मेरा भोजन है। जब मैं पानी पीता हूँ तो मैं पवित्रता पीता हूँ, अमृत पीता हूँ। **मैं पहले से ही पूर्ण हूँ। मैं केवल आनंद के लिए खाता हूँ, किसी आवश्यकता के कारण नहीं। मैं केवल स्वाद और विविधता के लिए खा रहा हूँ - यह उच्च चेतना की अवस्था है।** यदि इस प्रकार जीवन जिया जाए, तभी यह यात्रा लंबे समय तक सहज रूप से चलती है। अन्यथा हर समय मानसिक संघर्ष बना रहता है और बहुत सारा समय व्यर्थ चला जाता है। इसलिए **समय को धन और मुद्रा की तरह समझना आवश्यक है।**

श्रीमत दिव्य दिशा है। ड्रामा की समझ एक कवच की तरह सुरक्षा देती है। मैं हर स्थिति को एक दृश्य के रूप में देखता हूँ - यह केवल एक सीन है। सामने वाला व्यक्ति एक अभिनेता है और यह उसका पार्ट है। इसलिए न कोई झटका, न अवसाद, न नकारात्मकता, न बदले की भावना - मैं एक तटस्थ अवस्था में रहता हूँ। मैं किसी के प्रति खिंचाव या विरोध में नहीं फँसता। लोग आते हैं, जाते हैं - आज वे नाराज़ हैं, कल खुश होंगे। इन सभी भावनात्मक उतार-चढ़ावों के पीछे परमात्मा मेरा शाश्वत साथी है। वह मेरे साथ चलता है, मेरे साथ रहता है, मेरे चारों ओर है, मेरे भीतर भी है और बाहर भी। हम उसी में जीते हैं, उसी में चलते हैं और उसी में हमारा अस्तित्व है।

कोई भी परिस्थिति - जीवन या मृत्यु, ऊँचाई या गहराई, वर्तमान या भविष्य - कुछ भी हमें परमात्मा के प्रेम से अलग नहीं कर सकता। जब आत्मा परमात्मा से जुड़ जाती है तो वही हमारा सब कुछ बन जाता है। वही हमारा सर्वस्व है, सब कुछ उसी में है और उसी के लिए

है। मैं उसी में जीता हूँ, उसी की ओर बढ़ता हूँ, उसी के लिए जीवन जीता हूँ। वह मेरे आध्यात्मिक जीवन का केंद्र है, आधार है। यही पाँच अंतिम सूत्र हैं, जो हमें स्थिर, शक्तिशाली और संतुलित जीवन जीने की दिशा देते हैं।

हर दिन हमारा मन विविधता चाहता है। यदि हम उसे बार-बार एक ही प्रकार का भोजन देते हैं तो वह ऊब जाता है। इसलिए विविधता रखें - कभी संगीत, कभी ध्वनि, कभी जल, कभी स्पर्श, कभी प्रकाश, कभी सूर्य, कभी पृथ्वी। ज्ञान भी भोजन है।

अपने मन को नया रूप दें - ज्ञान मेरा भोजन है, खुशी मेरा भोजन है, परमात्म प्रेम मेरा भोजन है। संगीत मेरा भोजन है, उच्च आध्यात्मिक विचार मेरा भोजन है, शुद्ध भावनाएँ मेरा भोजन हैं, पवित्रता मेरा पोषण है। यह स्थूल भोजन को हल्के और सूक्ष्म पोषण से बदलने की प्रक्रिया है। प्रकाश मेरा भोजन है, ऊर्जा मेरा भोजन है। जब आप सूर्य की किरणों को महसूस करते हैं तो ऐसा अनुभव होता है जैसे ऊर्जा भीतर भर रही है, ऊर्जा ही मेरा भोजन है। इस प्रकार एक नई शक्ति, एक नई ऊर्जा का अनुभव होता है।

यह सब अवचेतन मन का प्रशिक्षण है। जब आप इसे अभ्यास में लाते हैं तो धीरे-धीरे सभी आसक्तियों और आदतों से स्वतः मुक्ति मिलने लगती है। बहुत सारा समय बचने लगता है, क्योंकि नींद भी कम हो जाती है। तब आपके पास बहुत कुछ करने का समय होता है, नई-नई कौशल सीख सकते हैं, नई भाषाएँ सीख सकते हैं, नए कला और पाठ्यक्रम सीख सकते हैं और अपनी चेतना को ऊँचा उठा सकते हैं। आज इस भट्ठी का समापन है। आगे चलकर हम फिर से एक नई शुरुआत करेंगे।

- बीके डॉ सचिन

HW Group English

http://tiny.cc/aosenglishhwtelegram

Telegram

HW Group Hindi

https://tiny.cc/aoshindihwtelegram

Telegram

YouTube Classes

https://www.youtube.com/@AngelofShiva

YouTube Song

https://www.youtube.com/@AngelofShiva

Tamil YouTube

https://youtube.com/@angelofshivatamil

Hindi Book

https://angelofshiva.in/

Playstore App

GET IT ON Google Play

इस पुस्तक में उल्लिखित कक्षाओं को ऑनलाइन प्राप्त करने के लिए नीचे दिए गए QR कोड को स्कैन करें।

Youtube Playlist

Website Audios Link

MP3 Drive Link

Daily Classes: 5 to 6 am (IST) at Pandav Bhavan

www.ingramcontent.com/pod-product-compliance
Lightning Source LLC
LaVergne TN
LVHW100319210926
848480LV00003B/1184